La Meije im Pelvoux-Massiv

Land und Leute

Für viele sind die Französischen Alpen irgendwie immer noch eine »terra incognita«, ein unbekanntes Gebirgsland zwischen Genfer See und Côte d'Azur, das auf dem Weg in den Süden im Eiltempo durchquert wird. Wer kennt schon die lieblichen Seenlandschaften von Annecy und Le Bourget, das Kalkplateau des Vercors mit seinen großartigen Schluchten, die Gipfel und Gletscher des Pelvoux oder die kahlen Berge der Provenzalischen Alpen?

Über die Grenzen Frankreichs hinaus sind – neben dem Montblanc, dem höchsten Berg Europas – vor allem die phantastischen Wintersportmöglichkeiten in diesem Teil der Alpen bekannt, insbesondere die perfekt »verkabelten« Skigebiete von teilweise riesigen Dimensionen, wie Tignes-Val d'Isère, Les Trois Vallées und Alpe d'Huez. Ein Mekka für Alpinisten ist Chamonix, das berühmte Bergsteigerdorf am Fuß des Montblanc; zu Unrecht wenig besucht werden die Grajischen und die Cottischen Alpen, obwohl sie herrliche Tourenziele zu bieten haben. Alles in allem ein Reisegebiet, das noch nicht überlaufen ist.

Die Französischen Alpen bieten die gegensätzlichsten Landschaften. Dies hat seinen Grund nicht nur in der Verschiedenartigkeit des Gesteins; eine bedeutende Rolle spielen auch die stark variierenden klimatischen Verhältnisse: im Norden niederschlagsreich, südlich von Briançon sehr trocken. Am besten lernt man die abwechslungsreiche Landschaft der Westalpen auf einer Fahrt von Norden nach Süden kennen: von der freundlichen Mittelgebirgslandschaft des Chablais mit ihren ins Grün der Wiesen und Wälder »getupften« Dörfern, über hohe, von mächtigen Gletscherbergen flankierte Pässe bis zu den »Wüstenbergen« und Canyons der Provenzalischen Alpen.

Die Französischen Alpen bilden in ihrer Gesamtheit ein bestens erschlossenes Urlaubs- und Reisegebiet. Sie sind im Vergleich mit den Ostalpen viel weiträumiger und – zumindest im Sommer – ohne jenen Rummel, wie man ihn zwischen Kitzbühel und St. Moritz, zwischen Berchtesgaden und Meran leider mancherorts antrifft.

Aufbau und Gliederung

Die Französischen Alpen lassen – sieht man von den historischen Grenzen einmal ab – sowohl eine geologische als auch eine klimatische Gliederung erkennen: Dem vorwiegend aus kristallinem Urgestein bestehenden Hauptkamm ist westlich eine in zahlreiche Gebirgsgruppen zerfallende Zone von Sedimentgesteinen vorgelagert. Eine ausgeprägte Klimagrenze, die etwa auf der Linie Grenoble– Briançon verläuft, scheidet die niederschlagsreichen, »grünen« Nordalpen von den sehr trockenen Südalpen.

Die großartigsten »Hochgebirgsbilder« liefert natürlich das Montblanc-Massiv mit seinem Hauptgipfel, dem »Dach Europas« (4807 m), und zahlreichen weiteren Viertausendern: Aiguille Verte (4122 m), Grandes Jorasses (4208 m), Mont Blanc du Tacul (4248 m), Mont Maudit (4465 m), Dôme du Goûter (4304 m), Aiguilles de Bionnassay (4051 m). Die im Mer de Glace zusammenfließenden Gletscher (Vallée Blanche, Géant, Tacul, Leschaux, Talèvre) bilden die größte geschlossene Eismasse der Französischen Alpen.

Ebenfalls stark vergletschert ist das Massif de la Vanoise. Begrenzt durch die Täler der Tarentaise und der Maurienne, erhebt es sich in der Pointe de la Grande Casse (3852 m) und zahlreichen weiteren Gipfeln zu respektabler Höhe (Mont Pourri, 3779 m; Aiguille de Péclet, 3562 m). Die Vanoise ist wie der vom Kleinen St. Bernhard zum Mont Cenis ziehende Grenzkamm Teil der Grajischen Alpen; letzterer trägt einige markante Erhebungen wie die Testa del Rutor (3486 m), die Aiguille de la Grande Sassière (3747 m), die Levanne (3615 m), die Uia di Ciamarella (3677 m) und die Pointe de Chardonnel (3750 m).

Der Mont-Cenis-Paß und die untere Maurienne trennen die Grajischen von den Cottischen Alpen. Zu ihren nördlichsten Erhebungen gehören die Grandes Rousses (Pic de l'Etendard, 3468 m) und die Aiguilles d'Arves (3510 m).

Nochmals auf Höhen von knapp über 4000 m schwingt sich der Alpenkamm im Pelvoux-Massiv (Massif des Ecrins) empor. Dieses großartige, wie die Montblanc-Gruppe der sogenannten Äußeren Gneiszone angehörende Massiv steht unter Naturschutz (Parc national des Ecrins); sein berühmtester, nicht aber höchster Gipfel (Barre des Ecrins, 4102 m) ist die Meije (3983 m), der Schicksalsberg des berühmten Wiener Alpenpioniers Emil Zsigmondy, der 1885 beim Versuch, die Südwand zu durchklettern, tödlich verunglückte.

Im hintersten Queyras erhebt sich, alle Nachbargipfel weit überragend, der Mont Viso (3841 m), einer der größten Berge der Südalpen.

An die Cottischen Alpen schließen die Seealpen (Alpes Maritimes) an. Sie erreichen zwar ebenfalls noch beachtliche Höhen (Cima Argentera, 3297 m), weisen aber wie die Cottischen Alpen keine nennenswerte Vergletscherung auf. Charakteristisch sind die vielen grandiosen Schluchten, wie die Gorges du Cians, die Gorges de Daluis und die Gorges de la Vésubie. Als eigentliches Hinterland der Riviera sind die Seealpen im

Polyglott-Reiseführer

Französische Alpen

Mit 25 Illustrationen sowie 11 Karten und Plänen

Allgemeines

Stadtbeschreibungen

Routenbeschreibungen

Polyglott-Verlag München

Umwelthinweis: Gedruckt auf chlorfrei gebleichtem Papier

Herausgegeben von der Polyglott-Redaktion
Verfasser: Eugen E. Hüsler
Illustrationen: Katharina Zsivkovics
Karten und Pläne: Eugen E. Hüsler
Umschlaggestaltung: Christa Manner, München
Fotograf: Bernd Ducke / Superbild
Typographie: Brigitte und Hans Peter Willberg

Wir danken den regionalen Verkehrsbüros für die uns bereitwillig gewährte Unterstützung.

Ergänzende Anregungen, für die wir jederzeit dankbar sind, bitten wir zu richten an:
Polyglott-Verlag, Redaktion, Postfach 40 11 20, 80711 München.

Alle Angaben wurden sorgfältig geprüft. Dennoch kann eine Gewähr für Vollständigkeit und Richtigkeit nicht übernommen werden.

Zeichenerklärung:

ⓘ Information ⌂⌂⌂ Erstklassige Hotels ⌂⌂ Gute Hotels
⌂ Einfache Hotels und Pensionen
✈ Flugverbindungen 🚂 Eisenbahnverbindungen 🚌 Autobusverbindungen
🚢 Schiffsverbindungen
⛺ Campingplätze 🚡 Bergbahnen 🕓 Öffnungszeiten

Die in eckigen Klammern stehenden Ziffern oder Buchstaben decken sich mit den auf den Plänen eingezeichneten Ziffern.

Kilometerangaben hinter Ortsnamen zeigen die Entfernung vom Beginn der jeweiligen Route aus an.

Farbige Ziffern am Seitenrand weisen auf die Routennummern hin.

Einige Hinweise zur Aussprache des Französischen:

ai, ais und *ei* wie ä in lästig (Pal*ais*, Madel*ei*ne)
au wie o in Moral (B*au*me)
e am Wortende meist stumm (Port*e*)
eu wie ö in Lösung (J*eu*)
oi und *ois* wie ua in Qualle (B*ois*)
ou wie u in nur (T*ou*r)
u wie ü in amüsieren (T*u*rbie)
amps, an, en durch die Nase gesprochenes a (Ch*amps*, *En*tremont)
ain, aint, in durch die Nase gesprochenes ä (S*aint*-Maxim*in*)
on, ont durch die Nase gesprochenes o (Toul*on*, Entrem*ont*)
ç wie s (Fran*ç*ais)
ch wie sch in Schule (*Ch*apelle)
g vor a, o, u wie g in Garten (*G*olfe)
vor e, i, y wie g in Genie (*G*iens)
ge vor a, o, u, wie g in Genie (Oran*ge*ade)
gu vor w, i, y wie g in Garten (Bra*gu*e)
gn wie nj (Co*gn*ac)
h ist stumm
ll manchmal wie j in jeder (Chanti*lly*),
aill wie aj (M*aill*ol)

Komplett aktualisierte Auflage · 1994/95
Redaktionsschluß: September 1993.
© 1983 by Polyglott-Verlag Dr. Bolte KG, München
Printed in Germany / Druckhaus Langenscheidt, Berlin / W. V. Eh. / XIII.
ISBN 3-493-60802-0

Polyglott-Reiseführer »Côte d'Azur« beschrieben.

Einen reizvollen Kontrast zu den Hochalpen bilden die Kalkmassive, die ihnen – oft durch ausgeprägte Talfurchen wie das Graisivaudan getrennt – vorgelagert sind: Chablais, Aravis, Bauges, Chartreuse, Vercors und Dévoluy. Mit ihren ausgedehnten Wäldern, den tiefen Schluchten und vielen markanten Gipfeln bilden sie ein reizvolles, sehr abwechslungsreiches Wander- und Tourengebiet. Höchste Erhebungen sind im Norden die Pointe Percée (2752 m), im Süden der Obiou (2790 m); die Krone des »schönsten Berges« gilt wohl dem Mont Aiguille (2086 m). Im Südwesten gehen die Provenzalischen Voralpen allmählich in die Hügellandschaft der Hochprovence über (s. Polyglott-Reiseführer »Provence«).

Die Entwässerung des französischen Alpenraumes erfolgt fast ausschließlich durch die großen Rhônezuflüsse (Arve, Isère, Durance); eine Ausnahme bilden die Alpes Maritimes, deren Wasserläufe (Var, Tinée) direkt ins Mittelmeer münden.

Unter den Seen im Alpengebiet Frankreichs ist der Lac Léman (Genfer See; 582 km²; französischer Anteil 212 km²) weitaus der größte. An zweiter Stelle liegt der Lac du Bourget (45 km²), dann folgen der Stausee von Serre-Ponçon (36 km²) und der Lac d'Annecy (28 km²).

Klima

Die klimatischen Verhältnisse innerhalb des französischen Alpengebietes sind keineswegs einheitlich. Grundsätzlich ist zwischen zwei Zonen zu unterscheiden: den Nordalpen mit ihrem weitgehend vom Atlantik her bestimmten Wetter und den Südalpen, deren Klima bereits mediterrane Züge aufweist. Die Grenzlinie verläuft vom Vercors über das Trièves, die Gipfelketten des Pelvoux-Massivs und den Col du Galibier zum Thabor.

Wirtschaft

Wichtigster Wirtschaftszweig in den Französischen Alpen ist der Fremdenverkehr, dessen Bedeutung vor allem nach dem Zweiten Weltkrieg schnell zugenommen hat. Typisch für diese rasante Entwicklung ist die Tatsache, daß man hier bereits dazu übergegangen ist, Wintersportplätze gewissermaßen »künstlich« aus dem Nichts heraus aufzubauen; typische Beispiele finden sich in den *Trois Vallées* und am Oberlauf der Isère. In jüngster Zeit ist allerdings eine Umkehrung dieses Trends zu beobachten: rustikal-gemütliches Ambiente statt seelenloser Stadtarchitektur. Große wirtschaftliche Bedeutung kommt der »Weißen Kohle« (la houille blanche) zu. Rund die Hälfte der in Frankreich gewonnenen hydroelektrischen Energie stammt aus den Alpen.

Technische Großleistungen waren allerdings erforderlich, um die latent vorhandene Energie zu sammeln und umzuwandeln. So entstanden gewaltige Speicherseen in den Alpentälern (Serre-Ponçon, Fläche 36 km²; Mont-Cenis, 6,7 km²; Roselend, 3,2 km²; Chevril, 2,7 km² u. a.), deren Kapazität in den Turbinen der tiefer gelegenen Kraftwerke (La Bathie, 480 000 kW; Malgovert, 300 000 kW; Serre-Ponçon, 352 000 kW u. a.) in elektrische Energie umgewandelt wird.

Die Entwicklung der Alpen zu einem Energiereservoir Frankreichs hat in Verbindung mit dem vorhandenen Arbeitskräftepotential zu einer ausgeprägten Industrialisierung geführt. Vor allem in den großen Tälern der Isère (Graisivaudan, Tarentaise), des Arc (Maurienne) und der Romanche haben sich bedeutende elektrochemische und elektrometallurgische Industrien niedergelassen.

Eine wichtige Rolle spielt nach wie vor die Landwirtschaft, die sich allerdings auch zu spezialisieren beginnt. In den höheren Regionen wird fast ausschließlich Weidewirtschaft (Käseerzeugung) betrieben, während in den tiefer gelegenen Tälern Ackerbau, Forstwirtschaft und auch Weinbau anzutreffen sind.

Sprache und Bevölkerung

Wer nach Frankreich reisen will, tut gut daran, sich zumindest einige Grundkenntnisse der Landessprache anzueignen, da man mit Deutsch oder Englisch meist nicht weit kommt und vielfach nur ein Nichtverstehen signalisierendes Lächeln erntet.

Nicht zu übersehen sind gewisse Unterschiede im Wesen der Einheimischen. Während der Savoyard eher als ernster und arbeitsamer Menschenschlag gilt, trifft man in den Südalpen auf den lebenslustigeren Typ des Provenzalen.

Verwaltung

Das Gebiet der Französischen Alpen umfaßt die beiden Regionen *Rhône-Alpes* mit den Départements Isère, Savoie und Haute-Savoie sowie *Provence-Alpes-Côte d'Azur* mit den Départements Hautes-Alpes, Alpes-de-Hautes-Provence, Alpes-Maritimes und Var.

Geschichte, Kunst und Kultur

In den Alpen ist weder die »große Geschichte« Frankreichs – la grande histoire – gemacht worden, noch schufen vergangene Kulturepochen hier ihre bedeutendsten Denkmäler. Früh gewannen die Paßwege – Verbindungen zwischen Gallien und Oberitalien – wirtschaftliche und somit politische Bedeutung; wer sie kontrollierte, errang Macht und Einfluß.

Vorgeschichte

Die ältesten Hinweise auf Siedlungen im französischen Alpenraum stammen aus der Steinzeit. Im Genfer Musée d'Art et d'Histoire sind Steinwerkzeuge aus den Salève-Höhlen ausgestellt (Jungpaläolithikum, um 10 000 v. Chr.). In der Bronzezeit entstehen an den Ufern der Savoyer Voralpenseen Pfahlbaudörfer, die später von Landsiedlungen abgelöst werden. Eine bedeutende Sammlung prähistorischer Funde (Gerätschaften, Schmuck, Waffen u. a.) zeigt das Savoyische Museum in Chambéry.

Im 6. Jh. v. Chr. dringen keltische Allobroger in das Gebiet zwischen Isère und Rhône vor; die Urbevölkerung wird in die Berge zurückgedrängt.

Hannibal und die Römer

Im Jahr 218 v. Chr. überschreitet Hannibal mit 50 000 Mann, 9000 Reitern und 37 Kriegselefanten die Westalpen, um in Oberitalien die Römer anzugreifen. Der griechische Historiker Polybios berichtet von diesem beschwerlichen Zug über die Berge, verschweigt aber, welchen Weg der karthagische Feldherr genommen hat (wahrscheinlich über den Mont Cenis).

Um 125 v. Chr. beginnt die Besetzung des Alpenraumes durch die Römer, die unter Augustus abgeschlossen wird. Das Allobrogerreich wird der Provinz Gallia Narbonensis einverleibt.

Aix-les-Bains besitzt mit seinem Campanusbogen, den antiken Thermen und dem Diana-Tempel bedeutende Zeugen römischer Baukunst; erhalten blieben weiter Reste von Straßen (u. a. Dingy-St-Clair bei Annecy, Défilé de Pierre Ecrite bei Sisteron) und Befestigungsanlagen (Die).

Die Burgunder

Mit den Einfällen der Alemannen setzt der allmähliche Niedergang der römischen Macht ein. Um die Mitte des 5. Jhs. lassen sich die von den Hunnen am Rhein geschlagenen Burgunder im Gebiet der Allobroger nieder. Ihr Königreich fällt aber schon bald, mit der Niederlage von Autun (534), an die Franken. Aus der Zeit der Christianisierung ist als bedeutendstes Kunstdenkmal die »Krypta« der Kirche St-Laurent in Grenoble (6. Jh.) erhalten. Karolingischen Ursprungs sind die Krypten der Gotteshäuser von Le Bourget-du-Lac und Lémenc bei Chambéry.

Im Vertrag von Verdun (843) wird das Frankenreich aufgeteilt. Aus dieser Entwicklung geht im Zuge einer weiteren Zersplitterung das Königreich Niederburgund hervor, das den gesamten französischen Alpenraum einschließt.

Grafschaften Savoyen und Dauphiné

Zu Beginn des zweiten Jahrtausends entwickelten sich zwischen Genfer See und Mittelmeer verhältnismäßig unabhängige Herrschaftsbereiche. Die Grafen von Savoyen und die Herren von Albon, die nach der Unterwerfung der Grafschaft Vienne den Titel »Dauphin« annehmen, sichern sich die Kontrolle über die wichtigen Alpenpässe (Großer und Kleiner St. Bernhard, Mont Cenis, Montgenèvre, Larche). An strategischen Punkten entstehen feste Plätze und Burgen, die später erweitert und umgebaut werden (Miolans, Conflans, Vizille, Briançon, Château-Queyras).

In die Zeit der Romanik fällt die Gründung zahlreicher Klöster und Abteien (Abondance, Hautecombe, Grande Chartreuse u. a.), deren ursprünglicher Baubestand allerdings weitgehend späteren Umbauten zum Opfer fällt. Eine Ausnahme bildet die dreischiffige Basilika (12. Jh.) der ehemaligen Zisterzienserabtei von Léoncel im Vercors.

Als weitere schöne Beispiele romanischer Sakralbaukunst sind die Kirche von Aime (11. Jh.) und die alte Kathedrale von Embrun (12. Jh.) zu nennen, beide mit lombardischen Stileinflüssen. Romanische Teile weisen die Kathedralen von St-Jean-de-Maurienne (Langhaus, Krypta) und Sisteron sowie die Kirche Notre-Dame-du-Bourg in Digne auf. Aus der gleichen Epoche stammen die Bergkirchen von Abriès, Notre-Dame-de-la-Vie (St-Martin-de-Belleville), Notre-Dame-de-Mésage (unweit Vizille) und die »Mère Eglise« bei St-Didier im Dévoluy.

Ahnherr des Hauses Savoyen ist »Humbert aux Blanches Mains« (Humbert mit den weißen Händen). Während die Grafschaft Dauphiné 1349 an die französische Krone verkauft wird und dadurch ihre Selbständigkeit weitgehend einbüßt, erweitern die Nachfolger Humberts das savoyische Territorium zunehmend. 1388 schließt sich Nizza mit seinem Hinterland der Grafschaft an. Um 1430 erreicht der Alpenstaat seine größte Ausdehnung; er erstreckt sich von der Westschweiz bis zur Côte d'Azur und von Bourg-en-Bresse bis Turin. Amédée VIII, 1416 in den Herzogstand erhoben, gilt als Inbegriff des »guten Fürsten«; seine 1430 erlassene Statua Sabaudiae zählt zu den bedeutendsten mittelalterlichen Gesetzessammlungen. 1439 wählt ihn das Basler Konzil zum Gegenpapst.

Die Gotik hat im Alpenraum Frankreichs einige prächtige Bauwerke hervorgebracht. Neben der Schloßkapelle (Ste-Chapelle) in Chambéry sind vor allem die schönen Kreuzgänge in Abondance und St-Jean-de-Maurienne zu erwähnen. Mehrere große Schlösser werden im 13./14. Jh. umgebaut (Montrottier, Miolans u. a.). Am Südufer des Genfer Sees, unweit von Thonon, entsteht mit Schloß Ripaille eine der bedeutendsten savoyischen Burganlagen.

In der Renaissance findet die bauliche Entwicklung, von Reformationszwistigkeiten nur wenig berührt, eine fast ungebrochene Fortsetzung. Eine herausragende architektonische Leistung dieser Zeit ist – trotz gotischer Nachklänge – das Palais de Justice in Grenoble.

Die sardische Monarchie

Die Nachfolger von Amédée VIII verwalten ihr Erbe mit wechselndem Erfolg. Im Norden rupft der »Berner Bär« die »savoyische Gans« und entreißt ihr die westschweizerischen Besitzungen (Waadt), vorübergehend auch das Chablais, im Westen ist Frankreich ein mächtiger, auf Expansion bedachter Konkurrent. 1560 verlegt Herzog Emmanuel-Philibert seine Residenz von Chambéry nach Turin. Im 17. Jh. wird Savoyen, wie schon zwischen 1536 und 1559, erneut von fremden Truppen besetzt. 1713 erhält Victor-Amédée beim Frieden von Utrecht das Herzogtum Savoyen zurück; gleichzeitig wird er König von Sizilien. Diesen Titel tauscht er fünf Jahre später gegen den eines Königs von Sardinien.

Die Barockbaukunst wendet sich in verstärktem Maß profanen Aufgaben zu: In Annecy, Chambéry und Grenoble entstehen im Zuge einer regen Bautätigkeit neue Straßenzüge und schöne Plätze. Anfang des 18. Jhs. werden unter der Leitung des berühmten Baumeisters Vauban die gewaltigen Festungen von Mont-Dauphin und Briançon zur Sicherung der Alpenübergänge angelegt; ähnlich aufwendige Bollwerke läßt im ausgehenden 18. und frühen 19. Jh. die sardische Monarchie in der Maurienne, im Susatal und im Chisonetal errichten.

Die Französische Revolution

Mit ihrem schicksalhaften Protest gegen die Unterdrückung der Menschenrechte im Schloß von Vizille (21. Juli 1788) geben die Stände der Dauphiné das Signal für die große Revolution von 1789. Im September 1792 schließt sich Savoyen, als Département du Mont Blanc, der Republik an. Nach dem Sturz Napoleons wird Savoyen wieder mit dem Königreich Sardinien vereinigt. Erst 1860 kommt es, als Belohnung für die Waffenhilfe im italienischen Einigungskampf gegen Österreich, endgültig zu Frankreich.

Das 20. Jahrhundert

Anfang des Jahrhunderts entstehen die ersten Museen im französischen Alpenraum (u. a. das Kunstmuseum in Grenoble), ein Beweis für das gesteigerte Interesse an den Kunstschätzen der Vergangenheit. Die Architektur durchlebt eine wenig schöpferische Periode, ehe sie sich einer neuen Richtung zuwendet. Als bestes Beispiel moderner Sakralbaukunst gilt die Kirche Notre-Dame-de-Toute-Grasse in Assy; eine vergleichbar geglückte Schöpfung ist die Eglise St-Hugues im Chartreuse-Massiv.

Im Zweiten Weltkrieg sind die Dauphiné (Vercors) und das savoyische Bergland Hochburgen der französischen Résistance. Nach Kriegsende muß Italien das Royatal in den Seealpen an Frankreich abtreten.

Nach der Neugliederung der Departements in nunmehr 22 Regionen im Jahr 1972 zerfällt das Gebiet der Französischen Alpen in die beiden Regionen Rhône-Alpes und Provence-Alpes-Côte d'Azur (s. auch S. 5).

Es entstehen die »Retortenstädte« in den neuen Wintersportgebieten.

Seit dem Ende des Zweiten Weltkrieges sind die Französischen Alpen zweimal zum Schauplatz Olympischer Winterspiele auserkoren worden: Im Jahr 1964 war es die Großstadt Grenoble, 1992 Albertville.

Tips für die Ferien in den Alpen

Die Französischen Alpen bilden aufgrund ihrer landschaftlichen Vielfalt und der guten touristischen Infrastruktur ein empfehlenswertes Reise- und Feriengebiet.

In den Monaten Dezember bis April/Mai ist Wintersport Trumpf in den Hochgebirgen Savoyens und der Dauphiné. Das Angebot im Sommer reicht von Badeferien am Ufer eines Voralpensees (Genfer See, Lac d'Annecy, Lac du Bourget) bis hin zum extremen Alpinismus.

Die folgende Aufstellung soll dem Reisenden als Entscheidungshilfe bei der Planung seines Urlaubs dienen. Die angegebenen Orte findet man anhand des Registers.

ARCHITEKTUR

Kirchen, Klöster

Abondance: Ehemaliges Kloster mit gotischen Fresken und Kreuzgang.
Aime: Frühromanische Basilika (11. Jh.).
Le Bourget-du-Lac: Kirche des ehemaligen Cluniazenserpriorats.
Chambéry: Ste-Chapelle (15. Jh.; Glasgemälde im Chor).
Chartreuse: Mutterkloster des Kartäuserordens.
Digne: Kirche Notre-Dame-du-Bourg (13. Jh.).
Embrun: Ehemalige Kathedrale Notre-Dame (12. Jh.).
Grenoble: Kirche St-Laurent (11. Jh.) mit merowingischer »Krypta« (6. Jh.);
Kathedrale Notre-Dame (12. Jh.).
Hautecombe: Zisterzienserabtei (19. Jh.).
Lanslevillard: Kapelle St-Sébastien mit spätgotischen Fresken.
Léoncel: Ehemalige Zisterzienserabtei mit romanischer Kirche.
Moûtiers: Kathedrale St-Pierre.
Plateau d'Assy: Moderne Kirche Notre-Dame-de-Toute-Grâce.
St-Disdier: Romanisches Kirchlein »Mère Eglise«.
St-Jean-d'Aulps: Ruinen der ehemaligen Zisterzienserabtei.
St-Jean-de-Maurienne: Kathedrale mit Kreuzgang (15. Jh.).
Vizille: Romanisches Kirchlein Notre-Dame-de-Mésage.

Profanbauten

Aix-les-Bains: Römischer Campanusbogen, Reste antiker Thermen.
Annecy: Schloß.
Briançon: Bedeutende Festungsbauten.
Chambéry: Schloß.
Château-Queyras: Schloß (13. Jh.).
Die: Gallo-römische Wehranlagen, Porte-St-Michel (3. Jh.).
Grenoble: Palais de Justice, ehemaliges Ständehaus der Dauphiné (15./16. Jh.).
Menthon: Schloß (12.–15. Jh.).
Miolans: Schloß (14./15. Jh.; älteste Teile 10. Jh.).
Montrottier: Schloß (13.–16. Jh.).
Tallard: Burgruine (14. Jh.).
Thonon-les-Bains: Schloß Ripaille (15. Jh.).
Thorens-Glières: Schloß.

AUTOTOUREN

An erster Stelle sind die zahllosen gut ausgebauten Bergstraßen zu nennen, die durch Eisenbahnlinien, Seilbahnen und Lifte ergänzt werden. Die nachfolgende Aufstellung enthält einige Routenvorschläge mit Entfernungsangaben. Letztere verstehen sich ohne Abstecher von der Hauptroute.

Route des Grandes Alpes

(Zirka 650 km; für Wohnanhänger ungeeignet; Beschreibung siehe Route 3, 4 und 10.) Die klassische Paßfahrt durch die Hochalpen, vom Genfer See nach Nizza.

Genf – Thonon – Cluses – Megève – Albertville – Bourg-St-Maurice – Col de l'Iseran – St-Michel-de-Maurienne – Col du Galibier – Briançon – Col d'Izoard – Col de Vars – Barcelonnette – Col de la Cayolle – Nizza.

Rundfahrt durch Savoyen

(Zirka 620 km; für Wohnanhänger ungeeignet; Beschreibung s. Route 1 bis 5.)

Genf – Thonon – Cluses – Chamonix – Tunnel du Mont Blanc – Courmayeur – Petit-St-Bernard – Séez – Col de l'Iseran – Modane – St-Jean-de-Maurienne – Col de la Croix de Fer – Col du Glandon –La Chambre – Chambéry – Aix-les Bains – Mont Revard – Col de Plainpalais – Annecy – Le Salève – Genf.

Rundfahrt durch die Dauphiné

(Zirka 600 km; für Wohnanhänger ungeeignet; Beschreibung siehe Route 4 bis 10.)

Grenoble – Vizille – Col de la Croix de Fer – St-Jean-de-Maurienne – Col du Galibier – Briançon – Col d'Izoard – Embrun – Lac de Serre-Ponçon – Gap – Corps – Mens – Clelles – Col de Menée – Die – Col de Rousset – Combe Laval – St-Jean-en-Royans – Grands Goulets – Gorges de la Bourne – Villard-de-Lans – Grenoble.

HEILBÄDER

Aix-les-Bains/Marlioz-les-Bains, Allevard-les-Bains, Brides-les-Bains, Challes-les-Eaux, Digne, Evian-les-Bains, St-Gervais-les-Bains, Salins-les-Bains, Thonon-les-Bains, Uriage-les-Bains.

MUSEEN

Aiguilles: Bescheidenes Ortsmuseum.
Aime: Archäologische Sammlung in der ehemaligen Kapelle St-Sigismond.
Aix-les-Bains: Musée du Docteur Faure (Gemäldegalerie); kleine archäologische Sammlung.
Annecy: Museum im Schloß (ethnographische Sammlung, prähistorische Funde; Conservatoire d'Art et d'Histoire de la Haute Savoie/ Kunst- und Geschichtssammlung).
Chambéry: Musée des Beaux-Arts (Gemäldegalerie); Musée Savoisin (Regionalmuseum); Musée d'Histoire naturelle (Naturhistorische Sammlung).
Chamonix: Musée alpin (Dokumente zur Geschichte des Alpinismus).
Conflans: Maison Rouge (lokalhistorische Sammlung).
Die: Ortsmuseum.
Digne: Musée municipal (Gemäldegalerie, kleine naturhistorische Sammlung).
Gap: Musée départemental (Regionalmuseum).
Grenoble: Musée de Peinture et de Sculpture (ältere französische Schule, bedeutende Maler des 20. Jhs.); Musée d'Histoire naturelle (Naturhistorisches Museum); Musée Dauphinois (Regionalmuseum); Musée Stendhal; Musée de la Résistance (Dokumente zum französischen Widerstand im Zweiten Weltkrieg); La Bibliothèque (reichste und größte Bibliothek in der Provinz).
Sisteron: Musée du Vieux Sisteron (kleines lokalhistorisches Museum).
Thônes: Musée de la Résistance.
Thonon-les-Bains: Musée du Chablais (Regionalmuseum).

SEHENSWÜRDIGKEITEN

Aussichtspunkte

Abriès: Belevédère du Cirque du Mont Viso (2127 m; Straße).
Aix-les-Bains: Mont Revard (1558 m; Straße).
Alpe-d'Huez: Pic du Lac Blanc (3327 m; Seilschwebebahn).
Annecy: Le Semnoz (1699 m; Straße).
Beaufort: Signal de Bisanne (1939 m; Straße).
Chamonix: Le Brévent (2524 m; Seilschwebebahn), Aiguille du Midi (3842 m; Seilschwebebahn).
Chamrousse: Croix de Chamrousse (2257 m; Seilschwebebahn).
Château-Queyras: Sommet Bucher (2257 m; Straße).
La Grave: Oratoire du Chazelet (1760 m; Straße).
Grenoble: Fort de la Bastille (481 m; Gondelbahn), Fort du St-Eynard (1362 m; Straße).
Jausiers: La Bonette (2860 m; Straße).
Megève: Mont d'Arbois (1827 m; Seilschwebebahn).
St-Nizier-du-Moucherotte: Le Moucherotte (1901 m; Seilschwebebahn).
St-Pierre-de-Chartreuse: Grand Som (2026 m).

Naturparks

Parc national des Ecrins (Pelvoux-Massiv), 920 km².
Parc national du Mercantour (Seealpen), zirka 800 km².
Parc régional du Queyras (Cottische Alpen), 600 km².
Parc national de la Vanoise (Vanoise-Massiv), 560 km².
Parc régional du Vercors (Vercors), 1350 km².

Naturschönheiten

Schluchten: Barles, Bourne, Combe Laval, Fier, Guiers Vif, Guiers Mort, Grands Goulets.
Grotten, Höhlen: Choranche, Echelles, Luire.
Täler: Cirque d'Archiane, Cirque du Fer à Cheval, Cirque de St-Même.

Ortsbilder

Annecy: Altstadt.
Briançon: Festungsstädtchen, überragt von Zitadelle.
Chambéry: Altstadt mit Schloß.
Conflans: Besterhaltene historische Stadtanlage Savoyens.

Flaine: Moderne Skistation, erbaut nach Plänen des amerikanischen Architekten Marcel Breuer.
Les Menuires: Retortensiedlung in der Skiregion der Trois Vallées.
Sisteron: Historisches Städtchen an der »Pforte zur Provence«.
Yvoire: Mittelalterliche Stadtanlage.

Technik

Beaufort: Stausee von Roselend mit 804 m langer, 150 m hoher Betonmauer.
Chamonix: Montblanc-Straßentunnel (11,6 km lang); Seilschwebebahn auf die Aiquille du Midi (Bergstation 3842 m), die z. Zt. zweithöchste Bahn Europas.
Corps: Lac du Sautet mit 126 m hoher Bogenmauer; 160 m hohe Brücke an der D 537.
Cruseilles: Charles-Albert-Brücke von 1838 über die 150 m tiefe Schlucht des Usses.
St-Gervais-les-Bains: Zahnradbahn zum Nid d'Aigle (12,8 km lang).
Lac de Serre-Ponçon: Staumauer (Kronenlänge 600 m, Höhe 120 m) und unterirdisches Kraftwerk.

SPORT

Alpinismus

Chamonix ist das Mekka der französischen Bergsteiger. Führer stehen aber auch in vielen anderen Fremdenverkehrsorten wie z. B. in Pralognan, La Grave, Briançon, Ailefroide und Morzine zur Verfügung. Entsprechende Auskünfte durch das Office de Tourisme. Wer mit den westalpinen Verhältnissen nicht bestens vertraut ist, tut auf jeden Fall gut daran, sich bei Hochtouren der zuverlässigen Führung eines »guide« anzuvertrauen.

Wandern

Das Bergwandern ist in Frankreich nicht so populär wie im Ostalpenraum; entsprechend weniger dicht ist das markierte Wegnetz. Wer an Farbkleckse und Nummern gewöhnt ist, muß sich etwas umstellen. Gute Dienste leisten die Karten von *Didier-Richard* (1:50 000), die es für das ganze Alpengebiet gibt; von großer Detailtreue sind die *Cartes touristiques* des IGN (Institut Géographique National) im Maßstab 1:25 000.

Eine französische Spezialität bilden die *Sentiers de Grande Randonnée.* Die gekennzeichneten Fernwanderwege durchziehen das ganze Land. Beschreibungen dazu finden sich in dem Topo-Guide des Sentiers de Grande Randonnée.

Wassersport

Die Voralpenseen Savoyens (Genfer See, Lac d'Annecy, Lac du Bourget und Lac d'Aiguebelette) bieten gute Möglichkeiten für Wassersportarten wie Schwimmen, Segeln, Surfen, Wasserski. Fast alle Uferorte verfügen über gut eingerichtete Strandbäder (plage). Auf einigen größeren Alpenflüssen kann man auch »Wasserwandern«, d. h. Touren mit dem Paddelboot unternehmen. Steigender Beliebtheit erfreut sich das River-Rafting; in zahlreichen Orten werden geführte Schlauchbootfahrten angeboten.

Radfahren, Mountainbiking

Die vielen Paßstraßen der Französischen Alpen sind natürlich ein Dorado für den gut trainierten Radler; Familien sollten mit dem Bike auf Forstwegen bleiben.

Wintersport

Die Wintersportmöglichkeiten in den Französischen Alpen verdienen auf jeden Fall das Prädikat »hervorragend«. Schwerpunkte bestehen in der Montblanc-Region (Megève, St-Gervais, Chamonix), in der Tarentaise (Trois Vallées, La Plagne, Les Arcs, Tignes, Val d'Isère) und im Oisans (Alpe-d'Huez, Les Deux-Alpes). Zu einem Zentrum des Skilanglaufs und des Skiwanderns hat sich Le Vercors entwickelt.

VERANSTALTUNGEN, FESTE
(Auswahl)

Aix-les-Bains: Salon nautique (Mai); Festival de Musique (Juli); »Aixor«, Concours de la chanson française (Sept.).
Annecy: Festival de la Vieille Ville (Altstadtfest, im Juli); Fête du Lac (Feuerwerk, Anfang August).
Briançon: Danse du »Bacchu-Bei« (Schwertertanz auf dem Pont de Cervières, am 6. August).
La Clusaz: Fête du Reblochon, folklore et traditions paysannes (der »Reblochon« ist die Käsespezialität der Region, August).
Digne: Fête de la Lavande (Corso mit Lavendelblumen; erster Sonntag im August).
Peisey-Nancroix: Pèlerinage à Notre-Dame-des-Vernettes (Wallfahrt, am 16. Juli); Défilé de costumes de Tarentaise (Trachtenumzug, Mitte August).
Pralognan: Fête de l'Alpe et des Guides (Juli).
Thônes: Fête des pompiers de l'Empire (Umzug der Feuerwehr in historischen Uniformen, im Juli); Foire d'artisanat et d'art (einheimisches Kunsthandwerk, August).

Hotels

In Frankreich gibt es eine ganze Reihe von Hotelketten, von denen hier nur einige erwähnt werden können. Kostenloses Informationsmaterial erhält man im Heimatland über das Französische Fremdenverkehrsamt (s. S. 14), vor Ort beim »Syndicat d'Initiative« bzw. »Office de Tourisme«. Die meisten Hotels unterliegen der Kontrolle der »Direction du Tourisme«. Die amtliche Klassifizierung unterscheidet fünf Kategorien. Die so klassifizierten Hotels sind an dem sechseckigen blauen Schild mit dem weißen Buchstaben »H« in der Mitte zu erkennen. Die Anzahl der Sterne neben dem Buchstaben »H« informieren über den zu erwartenden Komfort. In diesem Reiseführer sind die ersten drei Kategorien unter dem Zeichen 🏨 zusammengefaßt.

Logis de France

Bei dieser Hotelkette (Kennzeichen gelber Kamin in einem grünen Wappen) handelt es sich meist um kleinere, familiengeführte Hotels (1 oder 2 Sterne) mit soliden Preisen. Neben gemütlichem Ambiente wird in der Regel eine gute regionale Küche geboten.

ⓘ Privattours, Kaiser-Friedrich-Promenade 87, 61348 Bad Homburg; ☎ 0 61 72/2 98 15, Fax 0 61 72/29 05 39.

Ferienwohnungen: Gîtes de France

Wer im Urlaub Ruhe sucht und Kontakt zur Bevölkerung haben will, der ist in einem Gîte de France – Ferienhaus bzw. -wohnung – gut aufgehoben.

ⓘ Gîtes de France, Deutsche Reservierungszentrale, Sachsenhäuser Landwehrweg 108, D-60598 Frankfurt/M., ☎ 0 69/68 35 99.

Hotels für Behinderte

Ein Hotelführer für Behinderte gibt Auskunft über die Hotels und Restaurants, in denen die entsprechenden Einrichtungen vorhanden sind.

ⓘ A.P.F., Délégation de Paris, 22, rue Père-Guérin, F-75013 Paris; ☎ 00 33/1/40 78 69 56.

Jugendherbergen

In Frankreich gibt es zwei verschiedene Jugendherbergsvereine:

Fédération Unie des Auberges de Jeunesse, 27, rue Pajol, F-75018 Paris.

Ligue Française pour les Auberges de la Jeunesse, 38, bd Raspail, F-75007 Paris.

Camping–Caravaning

Frankreich ist ein klassisches Camperland. Wildes Zelten wird im Gebirge (Naturparks ausgenommen) meist toleriert. Ein Verzeichnis aller Campingplätze bekommt man beim ADAC oder beim Französischen Fremdenverkehrsamt.

ESSEN UND TRINKEN

Die Küche Savoyens und der Dauphiné ist abwechslungsreich und herzhaft.

Als eine Spezialität sei das *Gratin* hervorgehoben. Zu diesem Auflauf aus Kartoffeln und Sahne gehört unbedingt der gute Gruyère aus Savoyen. Der Gipfel aller Gratins ist das *Gratin de queues d'écrevisses,* gratinierte Krebsschwänze mit einer Béchamel-Sauce.

Fischliebhaber kommen hier voll und ganz auf ihre Kosten. In den vielen Seen werden unter anderem Hechte, Forellen und Saiblinge gefangen. Wild und Geflügel sind in jeder Form vertreten. Rezepte gibt es so viele, daß nicht alle Gerichte genannt werden können. Erwähnt werden kann hier nur das Geflügelfrikassee mit Whisky. Eine weitere Spezialität der Dauphiné sind Wachteln auf Pilzhaschee.

Die Käseplatte ist hier in den Alpen ganz besonders reichhaltig: *Le Beaufort,* ein klassischer Emmentaler, der *Reblochon* aus dem Aravis-Massiv, die wohlschmeckenden Ziegenkäse, die *Tomes* oder der *Petit St-Marcellin,* ehemals ein reiner Ziegenkäse, jetzt aus einem Gemisch von Kuh- und Ziegenmilch hergestellt. Weitere Sorten sind *Abondance, Vacherin, Beaumont, Persillé des Aravis* und der *Chevrotin des Bauges.*

Bekannte Gewächse sind *Roussette, Crépy, Seyssel, Ripaille, Ayse, Bossey, Marignan,* der *Malvoisie de Lasseraz,* der *Princens* und der *Saint-Jean-de-la-Porte.*

Wegen der guten und reichlichen Obsternte gibt es hier qualitativ hochwertige Schnäpse, z. B. den »Kirsch« aus Vogelkirschen, also Wildkirschen, – ein stark alkoholhaltiges Getränk für Kenner.

Reisewege

Mit dem Flugzeug

Im französischen Alpenraum existiert kein internationaler Flughafen. Genève-Cointrin, Lyon-Satolas und Nice-Côte d'Azur sind die nächstgelegenen Flugplätze, die für eine Anreise in Frage kommen. Sie werden regelmäßig von Linienmaschinen der Lufthansa, der Swissair und der Austrian Airlines angeflogen.

🛈 Auskünfte über Sondertarife, z. B. spezielle Programme für Städteflüge, Wochenendtarife u. a., erteilen die Reisebüros.

Mehrere Wintersportplätze in den Französischen Alpen werden von Genf, Grenoble und Lyon aus angeflogen (Air-Inter, Air-Alpes).

🛈 Auskünfte erteilen alle Reisebüros sowie die Vertretungen der Air France.

Mit der Bahn

Die Bahnverbindungen von Deutschland, der Schweiz und Österreich ins französische Alpengebiet führen über Genf (Genève-Cornavin), wo man Anschluß nach Aix-lex-Bains, Chambéry und Grenoble hat, bzw. über Turin (Fréjus-Tunnel).

Die Französischen Staatsbahnen (SNCF) bedienen im Alpengebiet ein Netz von ca. 1400 km Länge. Überregionale Bedeutung hat nur die Linie Grenoble – Modane – Fréjus-Tunnel – Bardonecchia, Teil der Verbindung zwischen Paris und Turin. Von Genève-Cornavin hat man direkte Anschlüsse nach Aix-les-Bains, Chambéry und Grenoble; die Züge nach Annecy, Thonon und Chamonix fahren nicht vom Genfer Hauptbahnhof, sondern von dem kleinen Bahnhof Genève-Eaux-Vives ab (umsteigen in Annemasse).

Für Liebhaber besonders reizvoller Gebirgsstrekken sei auf die Linie Grenoble-Col de la Croix Haute – Digne – Nizza und die großartig angelegte, 1979 wieder in Betrieb genommene Tendabahn (Cuneo – Nizza) in den Seealpen hingewiesen (s. Polyglott-Reiseführer »Côte d'Azur«).

EuroDomino. Für Bahnreisende interessant ist diese Netzkarte. Sie gestattet unbegrenzte Fahrten innerhalb Frankreichs (Züge und Bahnbusse) an drei, fünf oder zehn frei wählbaren Tagen innerhalb der Gültigkeitsdauer von einem Monat.

Weiter gibt es auch Seniorenpässe (Rail Europ Senior) sowie Familienermäßigungen.

Autoreisezüge

Für die Französischen Alpen ist nur die Verbindung Köln/Karlsruhe – Avignon interessant.

Auto am Bahnhof (Train et Auto)

Ein kombiniertes Angebot der SNCF ermöglicht es dem Reisenden, in rund 200 französischen Städten vom Zug in den vorbestellten Wagen umzusteigen.

🛈 Generalvertretung der Französischen Staatsbahn:
Bundesrepublik Deutschland:
Westendstr. 24, D-60325 Frankfurt/Main,
☎ 0 69/72 84 45/46.
Österreich: Am Opernring 1, A-1010 Wien 1.
Schweiz: Effingerstraße 31, CH-3000 Bern.

Mit dem Bus

Ein gut ausgebautes Netz von Buslinien, das teilweise durch die Staatsbahnen (SNCF), zum Teil durch Privatunternehmen betrieben wird, verbindet Täler und Ortschaften der Französischen Alpen. Informationen über Busverbindungen erhält man beim örtlichen »Syndicat d'Initiative« bzw. »Office de Tourisme«.

Mit dem Auto

Autofahrer benötigen den nationalen Führerschein, den Kraftfahrzeugschein und das Nationalitätszeichen »D«, »A« bzw. »CH«. Die Mitnahme der grünen Versicherungskarte ist nicht zwingend vorgeschrieben, aber empfehlenswert. – Das Netz von Tankstellen mit bleifreiem Benzin ist gut ausgebaut. Beim Französischen Fremdenverkehrsamt erhält man gratis das Faltblatt »In Frankreich fahre ich bleifrei«.

In Frankreich müssen Autofahrer bei Regen den Fuß vom Gaspedal nehmen (was ja jeder vernünftige Mensch ohnehin tut): auf Autobahnen 110 km/h statt 130 km/h, auf allen anderen Straßen 80 km/h statt 90 km/h. Wer bei Übertretungen erwischt wird, muß mit empfindlichen Strafen rechnen. Kann man das Bußgeld nicht bezahlen, wird unter Umständen das Fahrzeug beschlagnahmt. Auch Ausländer können da auf kein Pardon hoffen. So kostet beispielsweise die Nichtbeachtung eines Rotlichtes FF 2500.

🛈 Auskünfte, z. B. über abweichende Verkehrsvorschriften, erteilen die Automobilclubs.

ADAC: bei allen ADAC-Geschäftsstellen.

AvD, Lyoner Straße 16, D-60528 Frankfurt-Niederrad.

ÖAMTC, Schubertring 1–3, A-1010 Wien.

TCS, 9, rue Pierre-Fatio, CH-1211 Genève.

Entfernungen

Hamburg–Frankfurt/M.–Basel–Genf–Grenoble: 1110 km

München–Stuttgart–Basel–Genf–Grenoble: 660 km

Zürich–Genf–Grenoble: 410 km

Wien–Salzburg–Genf–Grenoble: 1160 km

Die Französischen Alpen sind durch ein dichtes, allgemein recht gut ausgebautes Straßennetz bestens erschlossen. Autobahnen erleichtern vor allem die Zufahrt von Westen und Norden; ihre Benutzung ist gebührenpflichtig.

B 41 Annemasse–Chamonix: 73 km
A 41 Annemasse–Annecy–Aix-les-Bains–Chambéry–Grenoble: 147 km
A 43 Lyon–Chambéry: 98 km
A 43 / 48 Lyon–Grenoble: 100 km

Straßenhilfsdienst

Auf Autobahnen kann Pannenhilfe über die Notrufsäulen angefordert werden, auf Landstraßen, in Ortschaften und Städten über den Polizeinotruf (Police Secours) ☎ 17. Pannenhilfe kann auch unter der Rufnummer 05 08 92 22 »AIT-FIPA-Assistance« überall, außer auf Autobahnen, rund um die Uhr in deutscher Sprache gerufen werden.

Französischer Automobilclub

Automobile Club de France (ACF); 6, place de la Concorde, F-75008 Paris

Straßentunnels

Wintersichere Straßentunnels verbinden Chamonix mit Courmayeur (Montblanc-Tunnel, 11,6 km lang) sowie Modane mit Bardonecchia (Fréjus-Straßentunnel, 12,7 km lang); ihre Benützung ist gebührenpflichtig.

Berg- und Paßstraßen

Die Französischen Alpen sind ein Dorado für den leidenschaftlichen Paßfahrer!

Nicht nur finden sich zwischen Genfer See und Côte d'Azur die höchsten Alpenstraßen; auch die Liebhaber besonders kühn trassierter Strekken kommen voll auf ihre Kosten. Als abenteuerlichste Bergstraße des gesamten Alpenraums gilt die Zufahrt von Le Bourg d'Oisans nach Villard-Notre-Dame; ganz außergewöhnliche Eindrücke vermitteln auch die Schluchtstrecken im Vercors.

Die meisten Paß- und Bergstrecken sind ordentlich ausgebaut und asphaltiert, mitunter allerdings – vor allem die Nebenstrecken – sehr schmal. Vorbildlich wie überall in Frankreich ist die Beschilderung, mangelhaft dafür die Straßenmarkierung. Leitlinien und Randmarkierungen fehlen weitgehend, ebenso Leitplanken, was bei nächtlichen Fahrten oder Nebel zu besonderer Vorsicht zwingt.

Wer in den Französischen Alpen mit dem Auto unterwegs ist, weiß die stets auf den neuesten Stand gebrachten Michelin-Karten im Maßstab 1:200 000 zu schätzen (Blätter 70, 74, 77 und 81). Gute Dienste leisten auch die »Cartes touristiques« des Institut Géographique National (IGN); Blätter »Savoie–Dauphiné« und »Provence–Côte d'Azur«, Maßstab 1:250 000.

Paßstraßen

Paß (Col)	Höhe m.ü.M.	Max. Steigung %	Sperrmonate
Agnel	2746	16	X–VI
Allos	2240	10	XII–V
Aravis	1498	9	
Bayard	1248	12	
Bonette	2802	14	XI–VI
Cayolle	2327	10	XI–V
Croix de Fer	2068	12	XI–V
Croix-Haute	1176	6	
Galibier	2642	14	XI–VI
Glandon	1924	12	XI–IV
Granier	1134	11	
Iseran	2764	11	XI–VI
Izoard	2361	12	XI–V
Larche	1991	10	XII–IV
Lautaret	2058	10	
Madeleine	1993	14	XI–V
Mont Cenis	2083	9	XI–V
Montets	1461	10	
Montgenèvre	1850	8	
Ornon	1367	11	
Petit St-Bernhard	2188	8	XI–V
Porte	1326	12	
Roselend	1968	12	XI–V
Vars	2111	10	

Praktische Hinweise

Ärztliche Versorgung

Der Versicherungsschutz durch die gesetzlichen Krankenkassen ist trotz Sozialversicherungsabkommen zwischen Deutschland und Frankreich nicht eindeutig gewährleistet. Leistungen von Ärzten oder Krankenhäusern müssen somit an Ort und Stelle bezahlt werden. Um eine problemlose ärztliche Versorgung gewährleistet zu haben, empfiehlt sich der Abschluß einer privaten Reisekrankenversicherung. Informationen hierzu erteilen die Krankenkassen.

Auskunftsstellen

Auskünfte und Prospekte über alle Regionen Frankreichs erhält man bei den Französischen Fremdenverkehrsämtern.

Bundesrepublik Deutschland
Westendstr. 47, D-60325 Frankfurt/M.,
☎ 069/75 60 83-0, Fax 069/75 21 87.
Berlin, ☎ 0 30/2 18 20 64 (nur telefonische Anfragen möglich).

Österreich
Landstraßer Hauptstraße 2a, A-1033 Wien,
☎ 02 22/71 57 06 10.

Schweiz
Löwenstraße 59, CH-8023 Zürich,
☎ 01/2 11 38 86.

Fast jeder Ort von einiger touristischer Bedeutung besitzt einen Verkehrsverein »Syndicat d'Initiative« oder ein Verkehrsamt »Office de Tourisme«. Anschriften sind in diesem Reiseführer unter ❶ zu finden.

Diplomatische Vertretungen

Bundesrepublik Deutschland
Konsulate in: 33, boulevard des Belges,
F-69458 Lyon Cedex 06, ☎ 78 93 54 73.

Österreich
Honorarkonsulat in: 21, rue Bourgelat,
F-69002 Lyon, ☎ 72 40 97 89.

Schweiz
Konsulat in: 25, rue Royale, F-74002 Annecy Cedex, ☎ 50 51 18 82.

Feiertage

Neujahrstag, Ostermontag, 1. Mai, 8. Mai (Waffenstillstand 1945), Christi Himmelfahrt, Pfingstmontag, 14. Juli (Nationalfeiertag), 15. August, 1. November, 11. November (Waffenstillstand 1918), erster Weihnachtsfeiertag.

Fotografieren

Filmmaterial kostet in Frankreich erheblich mehr als in Deutschland. In Museen und Schlössern ist das Fotografieren oder Filmen, wenn überhaupt, nur ohne Stativ gestattet.

Geld

Devisen

Urlauber sollten ihren Reiseetat an Devisen möglichst genau kalkulieren, denn zuviel getauschtes Geld ist oft nur mit erheblichem Verlust wieder zurückzutauschen.

Postsparer

Von deutschen Postsparbüchern können in Frankreich an einem Tag bis zu DM 1000,– und innerhalb von 30 Tagen höchstens DM 2000,– in Francs abgehoben werden.

Schecks/Kreditkarten

In Frankreich können Eurocheques bis zu einem Höchstbetrag von FF 1400,– eingelöst werden (eine Gebühr wird berechnet). In Hotels und Geschäften kann man fast überall mit Kreditkarten bezahlen (Eurocard, Visa etc.).

Währungseinheit

Die Währungseinheit ist der französische Franc (FF), der in 100 Centimes (c) zerfällt. Im Umlauf sind Münzen zu 10, 5, 2, 1 FF und 50, 20, 10 und 5 c. Als Banknoten gibt es 500, 200, 100, 50 und 20 FF.

Wechselkurs

Den Tageskurs erfährt man bei der Bank oder aus der Zeitung.

Grenzpapiere

Deutsche, Schweizer und Österreicher benötigen bei der Einreise (Aufenthalt bis zu drei Monaten) einen Reisepaß bzw. Personalausweis.

Kinder unter 16 Jahren aus Nicht-EU-Staaten müssen einen Kinderausweis besitzen oder im Elternpaß eingetragen sein.

Netzspannung

220 Volt Wechselstrom, kaum noch 110 Volt. Die Mitnahme eines Adapters ist zu empfehlen.

Öffnungszeiten

Banken

Keine einheitliche Regelung. Es kann aber davon ausgegangen werden, daß sie Mo–Fr 9–12 und 14–16 Uhr geöffnet haben.

Geschäfte

In Frankreich gibt es kein einheitliches Ladenschlußgesetz. Meistens sind die Geschäfte – abgesehen von einer Mittagspause – wochentags von 9–18 Uhr geöffnet. Ausnahmen bilden kleine Lebensmittelgeschäfte, in denen man manchmal bis 22 Uhr einkaufen kann.

Behörden

Mo bis Fr 9–12, 14–17 Uhr.

Postämter

Die Postämter und Hilfsstellen »PTT« oder »P et T« sind Mo bis Fr 9–19 Uhr (auf dem Land Mo bis Fr 9–12, 14–18.30 Uhr) sowie Sa bis 12 Uhr geöffnet.

Museen

Die Öffnungszeiten sind recht unterschiedlich; vielfach sind die Museen dienstags geschlossen. In diesem Führer sind die Öffnungszeiten der bedeutenderen Museen vermerkt; weitere Auskünfte erteilen die örtlichen Verkehrsvereine.

Postgebühren

Briefmarken (timbres) sind nicht nur in den Postämtern, sondern auch im Zigarettenladen (Tabac) oder in Bars mit Zigarettenverkauf (Bar-Tabac) zu haben.

Frankreich – Bundesrepublik Deutschland/ Österreich/Schweiz
Postkarte und Brief: FF 2,50

Sommerzeit

Die Sommerzeit MEZ plus eine Stunde gilt von Anfang April bis Ende September.

Tabakwaren

Tabakwaren kauft man im *Bureau du Tabac,* das durch ein rotes Aushängeschild in Form einer stilisierten Kautabakrolle gekennzeichnet ist. Zigarettenautomaten gibt es in Frankreich nicht.

Telefon

Ein Ortsgespräch kostet FF 1,–.

Vorwahl Deutschland: 19-49
Vorwahl Österreich: 19-43
Vorwahl Schweiz: 19-41

Zuerst die 19 – Wählton abwarten –, danach die weiteren Ziffern für das entsprechende Heimatland, die Ortsvorwahl (ohne Null) und den Teilnehmeranschluß anwählen. Die Durchwahl ins Ausland ist von fast allen Telefonkabinen aus möglich. Von den meisten Telefonzellen aus kann nur noch mit der *Télécarte* (zu 50 und 120 Einheiten) telefoniert werden. Die Karte gibt es bei Postämtern oder in den Tabakläden (s. o.) zu kaufen. Für die veralteten Münzfernsprecher benötigt man Münzen zu FF 0,50, 1,– oder 5,–.

Tiere

Hunde und Katzen müssen bei der Einreise mindest drei Monate alt sein. Die letzte Tollwutimpfung muß spätestens 30 Tage vor der Einreise vorgenommen werden, darf aber nicht älter als ein Jahr sein.

Trinkgeld

Selbst wenn der Bedienungszuschlag im Preis inbegriffen ist, gibt man dem Kellner üblicherweise ein Trinkgeld.

Veranstaltungsprogramme

Termine lokaler Veranstaltungen erfährt man beim örtlichen »Syndicat d'Initiative« bzw. »Office de Tourisme«.

Zoll

Seit der Öffnung der Grenzen innerhalb der Europäischen Union (EU) müssen EU-Bürger bei Waren für den persönlichen Bedarf grundsätzlich keine Einfuhrbeschränkungen mehr berücksichtigen. Für den privaten Verbrauch dürfen 800 Zigaretten und 10 l Spirituosen pro Person ab 15 bzw. 17 Jahren mitgenommen werden.

Österreich: Geschenke bis zum Gesamtwert von 2500 öS, 200 Zigaretten oder 50 Zigarren oder 250 g Tabak, 1 Liter Spirituosen über 22 Vol.-% oder 2 Liter Wein bzw. Alkohol unter 22 Vol.-%.

Schweiz: Geschenke bis zu einem Gesamtwert von 100 sfr, 200 Zigaretten oder 50 Zigarren oder 250 g Tabak, 1 Liter Spirituosen über 15 Vol.-% oder 2 Liter Wein bzw. Alkohol unter 15 Vol.-%.

** Aix-les-Bains

Campanusbogen

Sowohl berühmtes Heilbad als auch elegante Kurstadt, liegt Aix-les-Bains (260 m; 22 000 Einw.) inmitten einer prächtigen Voralpenlandschaft am Ostufer des Lac du Bourget. Ein leistungsfähiges Gastgewerbe, vorzügliche Sportanlagen, gepflegte Parks sowie viele Vergnügungs- und Ausflugsmöglichkeiten begründen den internationalen Ruf der savoyischen Fremdenverkehrsmetropole.

Die warmen, leicht mineralischen Schwefelquellen (45–47 °C) von Aix finden bei verschiedenen Leiden Anwendung (Erkrankung der Atemwege, Rheumatismus, Gicht u. a.). Neben den *Thermes Nationaux,* die 1972 erneuert wurden, besteht am Südrand der Stadt ein weiteres kleines Kurzentrum *(Marlioz-les-Bains).*

GESCHICHTE

Aix-les-Bains kann auf eine zweitausendjährige Tradition als Kurort zurückblicken; bereits die Römer bauten hier ein Heilbad, das Aquae Domitianae und spätere Aquae Gratianae. Über die Ausdehnung dieser Anlagen und ihre erstaunliche technische Vollkommenheit kann man sich heute nur noch schwer ein gültiges Bild machen, da die Germaneneinfälle im 5. Jh. zu ihrer fast totalen Zerstörung führten. Erst nachdem der Besuch von Heilbädern im 17. Jh. wieder etwas in Mode gekommen war, erlebte Aix eine glanzvolle Renaissance. Berühmter Gast war im Sommer 1816 der Dichter Alphonse de Lamartine; mit seinem Gedicht »Le Lac« hat er den Lac du Bourget in Frankreich bekannt gemacht.

SEHENSWÜRDIGKEITEN

Mittelpunkt der Kurstadt ist die

Place du Revard [1], die man vom Bahnhof über die *Avenue Charles de Gaulle* erreicht.

Unweit, nordwestlich, steht an der Rue du Casino das stattliche *Palais de Savoie* (Grand Casino, mit Spielsälen, Theater). Im Südosten des Platzes liegt der gepflegte *Stadtpark,* dahinter das *Palais des Fleurs* (Kulturzentrum, Kongresse), nahebei, über die Avenue Lord Revelstoke rasch erreichbar, die weite *Place M. Mollard/Place des Thermes,* deren Ostseite von dem mächtigen Bau der

Thermes Nationaux [2] eingenommen wird. Überreste der antiken Thermen, die sich in dem 1929–33 errichteten Südteil des Komplexes befinden, können besichtigt werden (Führungen).

Einen weiteren Zeugen aus seiner römischen Vergangenheit besitzt Aix in dem 9 m hohen *Arc de Campanus* (Campanusbogen; 3./4. Jh.), der auf dem Platz vor den Thermes Nationaux steht.

An der westlichen Seite der Place M. Mollard erhebt sich das ehemalige *Schloß* (16. Jh.) der Marquis von Aix, in dem heute das *Hôtel de Ville* (Rathaus) untergebracht ist. Beachtung verdient eine schöne Renaissancetreppe im Innern. Im Nordteil des Gebäudes – über den Grundmauern eines antiken Tempels errichtet – hat man ein kleines *Museum* (prähistorische und römische Funde) eingerichtet (🕒 Mo–Sa 8.30–12.30, 13.30–19 Uhr, So 9–12.30, 15–18.30 Uhr; Okt. bis Mai nur Mo–Sa 8.30–12, 14 bis 18.30 Uhr).

Von der Place M. Mollard führen die Rue Davat und der Boulevard des Côtes an der *Eglise de l'Assomption* (1889) vorbei in nördlicher Richtung zum

Musée du Docteur Faure [3], das eine Sammlung französischer Malerei des 19./20. Jhs. (Corot, Degas, Cézanne, Rodin u. a.) sowie Erinnerungsstücke an den Dichter Alphonse de Lamartine (1790–1869) zeigt.

◷ Mo, Mi–Fr 9.30–12, 13.30–18 Uhr, Sa und So 9.30–12, 14–18.45 Uhr.

Im Anschluß an den Stadtrundgang empfiehlt sich eine Fahrt zum Seeufer (2,5 km), das mit seinen gepflegten Promenaden zu einem Spaziergang einlädt (sehenswertes Aquarium sowie eine Ausstellung über die Seen Savoyens und eine Audiovisionsschau im Maison du Lac; ◷ Mai bis August tägl., sonst nur Sa, So und Fei). Abfahrtsstelle der Kursschiffe ist der *Grand Port* am nördlichen Ende des prächtigen Boulevard du Lac.

PRAKTISCHE HINWEISE

ℹ Syndicat d'Initiative, Place M. Mollard, F-73100 Aix-les-Bains, ☎ 79 35 05 92..
✈ Flugplatz 5 km südlich von Aix-les-Bains (Aéroport Chambéry-Aix-les-Bains).
🚆 Lyon, Grenoble, Annecy, Modane, Albertville, Bourg-St-Maurice, Chambéry.
🚌 Mit den Ortschaften der Umgebung.
⛴ Rundfahrten auf dem Lac du Bourget, Uferorte.

AUSFLÜGE

Rumilly (345 m), rund 20 km nördlich von Aix-les-Bains an der Strecke nach Bellegarde gelegen, ist ein malerisches kleines Landstädtchen, mit viel Grün rundum, einem Marktplatz, alten Laubenhäusern und einer sardischen Kirche von 1843. Ganz in der Nähe, in *Marcellaz-Albanais,* besuchen Kinder und Junggebliebene das *Musée de l'Art de l'Enfance,* eine erstaunlich umfangreiche Spielzeugsammlung.
◷ Mai bis Oktober So, Mo, Mi 14–20 Uhr.

***Mont Revard** (1558 m). Der mehrgipfelige Bergstock des Mont Revard schließt das Talbekken des Lac du Bourget im Südosten ab. Eine vorzüglich ausgebaute Bergstraße (D 913) verbindet Aix-les-Bains mit dem Col de Plainpalais (1173 m); sie ermöglicht es, das Wander- und Wintersportgebiet an der sanft geneigten Ostflanke des Massivs bequem zu erreichen. Aix-les-Bains – Mont Revard 22 km.

Sehr empfehlenswert ist die 67 km messende Rundfahrt, die über den Mont Revard zum Col de Plainpalais und weiter über Lescheraines nach Aix zurückführt. Sie vermittelt eine Vielzahl prächtiger Landschaftsbilder, unter denen die Ausblicke auf das Seebecken von Le Bourget besonders hervorzuheben sind.

Der Mont Revard ist westlicher Eckpfeiler der *Bauges,* eines waldreichen Bergmassivs, das sich zwischen dem Lac du Bourget, der Combe de Savoie und dem Lac d'Annecy erhebt und im *Arcalod* (2217 m) seinen höchsten Gipfel hat.

Hauptort des beliebten Ausflugs- und Wandergebietes ist *Le Châtelard* (757 m), ein hübsches Dorf am Oberlauf des Chéran, 30 km von Aix-les-Bains.

Lohnende Gipfelziele mit durchwegs leichten Anstiegen sind der *Trélod* (2043 m), die *Pointe de la Galoppe* (1680 m) und *La Belle Etoile* (1841 m).

***Abbaye de Hautecombe.** Zu den klassischen Ausflugszielen in der Umgebung von Aix-les-Bains zählt die am Westufer des Lac du Bourget gelegene ehemalige Zisterzienserabtei *Hautecombe,* eine Gründung aus dem 12. Jh., die in

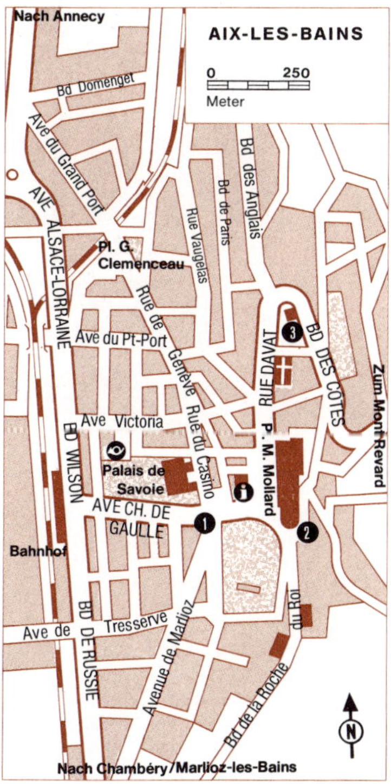

ihrem heutigen Baubestand allerdings größtenteils auf das letzte Jahrhundert zurückgeht. König Charles-Félix von Sardinien ließ die in den Wirren der Französischen Revolution zerstörte Anlage – sie war bis 1731 Grabstätte der Savoyer Herzöge und Grafen – in gotischem Stil wieder aufbauen.

Bis vor kurzem war das Kloster von Benediktinern bewohnt; die reich ausgestattete Kirche kann besichtigt werden (Führungen täglich 10.30–12, 14–17 Uhr).

*** Lac du Bourget.** Mit einer Fläche von 45 km^2 ist der rund 18 km lange Lac du Bourget der größte unter den ganz auf französischem Gebiet liegenden Binnenseen. Seine klimatisch begünstigte Lage hat ihn zu einem besonderen touristischen Anziehungspunkt werden lassen.

Innenraum der Kirche von Le Bourget

In der Umgebung gedeiht auch die Rebe, vor allem im Norden des Sees; Gamay und Mondeuse aus der Chautagne sind bekömmliche Rotweine, die Hänge um Seyssel liefern einen ausgezeichneten Schaumwein.

Wer mit dem Auto im Gebiet von Aix-les-Bains unterwegs ist, sollte keinesfalls die lohnende »Tour du Lac« versäumen. Diese Rundfahrt, die sich sehr gut mit einem Besuch der Abtei von *Hautecombe* (Stichstraße von Conjux, 5 km) verbinden läßt, vermittelt herrliche Ausblicke. Eine besonders reizvolle, umfassende Sicht auf den See und seine Bergumrahmung hat man von der *Chapelle de l'Etoile* (Fußweg 10 Min.) hoch über dem westlichen Steilufer.

Aix-les-Bains – Chaudieu – Conjux – La Chapelle-du-Mont-du-Chat – Le Bourget – Aix-les-Bains 51 km.

*** La Chambotte** (724 m). Der kleine Weiler, der von Aix-les-Bains über La Biolle und St-Germain auf recht guten Straßen (14 km) zu erreichen ist, gilt aufgrund seiner Lage hoch über dem Lac du Bourget als besonders lohnendes Ziel.

Noch eindrucksvoller ist der Blick auf die rund 500 m tiefer glitzernde Wasserfläche von dem etwas weiter südlich gelegenen Restaurant de la Chambotte (Zufahrt). Dieser Abstecher läßt sich in eine Rundfahrt (35 km) einbeziehen, die allerdings einige Anforderungen an das Fahrkönnen stellt, ist die D 991 B zwischen La Chambotte und Chaudieu doch extrem schmal und windungsreich.

Le Bourget-du-Lac (262 m), reizvoll am Fuß des Mont du Chat gelegen, war dank seiner direkten Schiffsverbindung mit Lyon bis Mitte des 19. Jhs. das große »Tor Savoyens«. Heute ist der rund 2200 Einw. zählende Ort (nach Aix-les-Bains) die bedeutendste, direkt am Lac du Bourget gelegene Sommerfrische.

Kunsthistorisches Interesse beansprucht die mehrfach umgebaute Kirche des 1097 urkundlich erwähnten Cluniazenserpriorats. Ihre Krypta geht wahrscheinlich auf das frühe 11. Jh. zurück; sie steht auf den Fundamenten eines römischen Merkurtempels.

An die Kirche schließt das *Château-Prieuré* an; es war bis 1248 Residenz der Grafen von Savoyen. Der zweigeschossige Bau wurde im späten 15. Jh. angefügt. Er bildet im Sommer den stimmungsvollen Rahmen zu Dichterlesungen und Konzerten.

ⓘ Office de Tourisme, Place Général-Sevez, F-73370 Le Bourget-du-Lac.
⛺ »Ile aux Cygnes«.

Le Bourget-du-Lac ist Ausgangspunkt einer Bergstraße (Steigungen bis 15 %), die den Höhenrükken des Mont du Chat überquert. Vom Scheitelpunkt (1470 m) und vor allem von der Gipfelkuppe des *Molard Noir* (1452 m; Fußweg 40 Min.) genießt man eine prächtige Rundsicht (Fußweg zum Molard Noir, 15 Min., mit Panoramatafel).
Le Bourget – Mont du Chat – Yenne 34 km.

**Annecy

In der Altstadt

Die charmante Hauptstadt (448 m; 50 000 Einw.) des Départment Haute-Savoie ist nicht nur eine bedeutende Station an der Strecke Genf–Grenoble, sondern dank ihrer Lage am **Lac d'Annecy ein gern besuchter Ferienort. Ihre günstige Verkehrslage und die vielen Ausflugsziele in der Umgebung tragen mit zur touristischen Bedeutung der Alpenstadt bei.

GESCHICHTE

Die Spuren prähistorischer Siedlungen im Gebiet von Annecy lassen sich aufgrund zahlreicher Funde bis in die jüngere Steinzeit zurückverfolgen. Nach dem Vordringen der Römer (121 v. Chr.) entsteht außerhalb der heutigen Stadt ein »vicus« (Dorf), der im 5. Jh. durch die einfallenden Germanen zerstört wird.

Erste Kunde über die Existenz einer Siedlung liefert ein Dokument aus dem Jahr 867. Seine kulturelle Blüte erlebt Annecy im 17. Jh. durch den Gegenreformator Franz von Sales (1567–1622), der hier 1606 die Académie Florimontane gründet. Er ruht neben Chantal, der Gründerin des Ordens der Salesianerinnen, in der Basilika. 1728 trifft der junge Jean-Jacques Rousseau (1712–78) in Annecy ein.

SEHENSWÜRDIGKEITEN

Günstiger Ausgangspunkt für einen Stadtrundgang ist die weite

Place de l'Hôtel de Ville [1]. An ihrer Ostseite steht das *Hôtel de Ville* (Rathaus, 19. Jh.). Dahinter erstreckt sich zum See hin der Park *Jardin de Public.* Die Westseite des Platzes wird von der Kirche

St-Maurice beherrscht (15. Jh.). Sehenswert ist hier neben den Chorfresken (1458) eine Darstellung der Kreuzabnahme (1558).

Den südlichen Abschluß der Place de l'Hôtel de Ville bildet die *Eglise St-François* mit ihrer schönen Barockfassade (17. Jh.), in der anderthalb Jahrhunderte lang die Gebeine des heiligen Franz von Sales aufbewahrt wurden (permanente Ausstellung).

Unmittelbar hinter der Kirche überspannt der

Pont-sur-Thiou [2] den Fluß. Von der Brücke bietet sich ein prächtiger Blick auf die Altstadt. Besonders eindrucksvoll präsentiert sich aus dieser Perspektive die kleine Insel in der Flußmitte mit dem **Palais de l'Isle* (12.–16. Jh.; Museum, wechselnde Ausstellungen).

Blick auf den Thiou

Mittelpunkt des alten Annecy ist die in Ost-West-Richtung verlaufende

*** Rue Ste-Claire,** die sich ihren ursprünglichen Charakter weitgehend bewahrt hat. Das aus dem 16. Jh. stammende *Hôtel Bagnorea* (Nr. 18) war erster Sitz der Académie Florimontane und diente ihrem Gründer Franz von Sales ab 1610 als Wohnhaus.

Von der *Rue Ste-Claire,* die im Westen an der *Porte Ste-Claire,* einem der drei Stadttore von Annecy, endet, führen Fußwege zum alten

*** Château** [3], das sich südlich über der Innenstadt in beherrschender Höhe erhebt. Der vielfach umgebaute und erweiterte Gebäudekomplex – einst Residenz der Genfer Grafen und später der Herzöge von Genevois-Nemours – geht in seinen ältesten Teilen *(Tour de la Reine)* auf das 12. Jh. zurück. Besuchenswert ist das *Museum;* es zeigt neben prähistorischen Funden eine ethnographische Sammlung.

(◷ täglich 10–12, 14–18 Uhr, außerhalb der Sommersaison Mo geschlossen.)

Jenseits des Thiou liegt an der *Rue Jean-Jacques Rousseau* die im 16. Jh. erbaute

Cathédrale St-Pierre [4]; westlich schließt sich das ehemalige *Bischöfliche Palais* an. Dieser stattliche Bau von 1784 bezieht den Platz ein, an dem vormals das Wohnhaus der Madame de Warens stand; eine Gedenkstätte im Hof erinnert an die erste Begegnung zwischen dem jungen Rousseau und seiner Gastgeberin. Nördlich der Kathedrale steht an einem brunnengeschmückten Platz die 1851 in klassizistischem Stil errichtete Kirche *Notre-Dame-de-Liesse.* Ein 55 m hoher Turm aus dem 16. Jh. wurde in das Bauwerk einbezogen.

Die kurze *Rue Notre-Dame* leitet zur breiten *Rue Royale* über, die zusammen mit der arkadengeschmückten *Rue du Pâquier* eine Hauptverkehrsader der Stadt bildet. Letztere endet an der

Place de la Libération [5]. An ihrer Nordseite steht der 1981 fertiggestellte Kulturpalast *Bonlieu,* eine Glas-Beton-Konstruktion von Novarina (vgl. S. 34).

Von der Place de la Libération führt die breite baumbestandene *Avenue d'Albigny* zwischen gepflegten Anlagen zum Vorort Albigny. Eine Orientierungstafel am Seeufer erläutert den Blick auf die Bergkulisse des Lac d'Annecy.

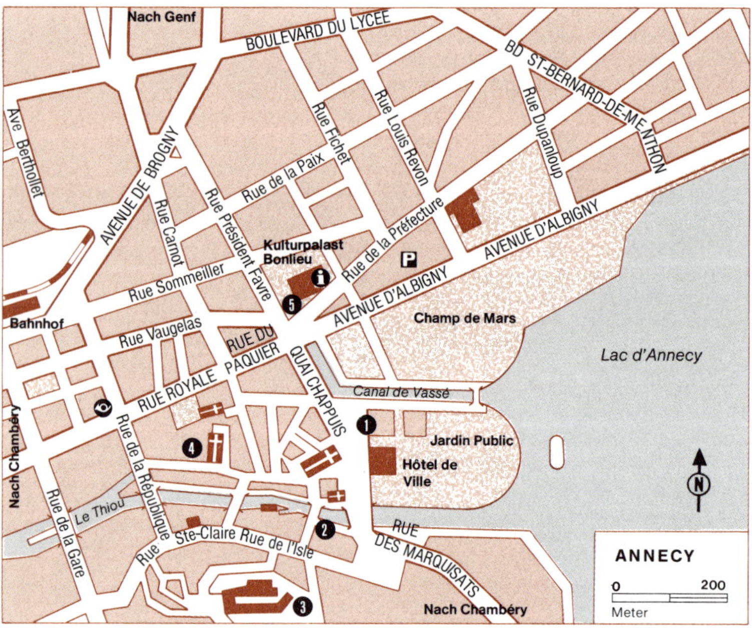

Im Anschluß an diesen Stadtrundgang empfiehlt sich ein Abstecher zu der 1949 geweihten

Basilique de la Visitation, einem lohnenden Aussichtspunkt im Süden der Alpenstadt. In der Krypta des Gotteshauses ruhen die Gebeine des heiligen Franz von Sales und der heiligen Jeanne de Chantal (1572–1641), die 1610 den Salesianerinnenorden (Ordre de la Visitation) gründeten.

Ganz in der Nähe, an der Avenue de Trésun, ist im alten Klosterseminar (Ende 17. Jh.) das

Conservatoire d'Art et d'Histoire de la Haute Savoie untergebracht. Das Kunst- und Geschichtsmuseum zeigt vor allem Werke einheimischer Künstler, vom frühen 17. Jahrhundert bis in die Gegenwart; die historische Abteilung veranstaltet interessante Wechselausstellungen (🕓 täglich 10–12, 14–18 Uhr, Oktober bis Juni So/Fei geschlossen).

PRAKTISCHE HINWEISE

ⓘ Maison de Tourisme, Centre Bonlieu, 1, rue Jean-Jaurès, F-74000 Annecy, ☎ 50 45 00 33.
Bahn: Genf, Chamonix, Aix-les-Bains.
Bus: Mit den Ortschaften der Umgebung; im Sommer verschiedene Rundfahrten.
Schiff: Uferorte; Rundfahrten auf dem Lac d'Annecy.

AUSFLÜGE

*** Gorges du Fier.** Etwa 10 km westlich von Annecy durchfließt der Fier eine 260 m lange Klamm, die durch einen kühn angelegten Steig zugänglich gemacht worden ist. Ein Felslabyrinth, »Mer des Rochers«, am Ende der Schlucht ist besonders eindrucksvoll.

Man erreicht den Eingang zu den *Gorges du Fier* von Annecy über Poisy und Lovagny auf guten Straßen (11 km). Der Abstecher läßt sich mit einem Besuch des mächtigen *Château de Montrottier* (13.–16. Jh.; 465 m) verbinden, das sich unweit von Lovagny auf einer Terrasse über dem Fier erhebt. Unter dem vielfältigen Sammlungsgut, das im Schloß gezeigt wird, sind vier Bronzereliefs (um 1530) von Hans und Peter Vischer aus Nürnberg besonders hervorzuheben.

(🕓 Führungen von Ostern bis Mitte Oktober 9–11.30, 14–17.30 Uhr, ausgenommen Anfang Juni bis Mitte September jeweils Di geschlossen.)

**** Lac d'Annecy.** Der in eine prächtige Voralpenlandschaft eingebettete, 14 km lange und bis 3 km breite See ist nach dem *Lac Léman (Genfer See)* und dem *Lac du Bourget* der drittgrößte unter den französischen Binnengewässern – und einer der saubersten dazu (»Lac pur«)! Gut ausgebaute, im Sommer aber stark befahrene Straßen verbinden die Uferorte. Bei schönem, warmem Wetter wird man sich einen Abstecher auf das Wasser keinesfalls entgehen lassen, denn erst eine Schiffahrt erschließt die ganze Schönheit dieses Alpensees und seiner Bergkulisse.

Château de Montrottier

Wer sich zu einer Rundfahrt mit dem Auto um den See entschließt (zirka 40 km), kann – sofern er schmale und steile Bergstraßen nicht scheut – die Tour zum *Col de la Forclaz* (1150 m) einbeziehen. Einem Umweg von ca. 20 km steht ein herrlicher Ausblick auf den See und das Massif des Bauges gegenüber! Annecy–Duingt–Vésonne–Col de la Forclaz–Menthon–Annecy 56 km.

*** Menthon** (482 m), am Ostufer des Grand Lac (des unteren Seebeckens) gelegen, ist ein beliebter Ferienort. Er wird überragt von seinem stattlichen Schloß (12.–15. Jh.), der Geburtsstätte des heiligen Bernhard von Menthon, der die beiden Hospize am Großen und am Kleinen St. Bernhard gründete.

(🕓 Führungen Mai bis September Mo, Sa, So 14–18 Uhr, Juli/August täglich 12–18 Uhr.)

Ein besonders schöner Blick auf den See und seine Bergkulisse ergibt sich von der Landzunge *Roc de Chère* (601 m; Fußweg 1 Std.), die Menthon vom benachbarten

***Talloires** (447 m) trennt. Der kleine Ort geht auf eine im 9. Jh. gegründete Benediktinerabtei zurück; heute sind die Klostergebäude für das renommierte ⌂⌂ »Hôtel de l'Abbaye« umfunktioniert worden. Unmittelbar am See liegt das Restaurant »Père Bise«, für jeden Gourmet ein Wallfahrtsort in dieser Gegend.

Talloires ist der Geburtsort des französischen Chemikers Claude-Louis Berthollet (1748–1822), der die Zusammensetzung des Ammoniak entdeckte; ein Standbild vor der *Mairie* (Rathaus) erinnert an den bedeutenden Wissenschaftler.

*** Le Semnoz.** Lohnend ist die Tour zum Aussichtspunkt *Crêt de Châtillon* (1699 m) auf dem langgestreckten Höhenrücken des Semnoz.

Eine 30 km lange Bergstrecke (Route des Crêtes) verbindet Annecy mit dem Col de Leschaux (897 m) und erschließt damit den Gebirgsstock für die Autotouristen. Von ihrem höchsten Punkt steigt man in wenigen Minuten zum *Crêt de Châtillon* auf, wo sich ein großartiges Panorama eröffnet (Turm, Orientierungstafel), das von den Jurahöhen bis zum Montblanc und zum Mont Viso reicht.

Annecy–Crêt de Châtillon–Col de Leschaux–Annecy 47 km.

Mont Veyrier (1291 m). Der zwischen dem Lac d'Annecy und dem engen Tal des Fier aufragende Mont Veyrier bietet ebenfalls eine prächtige Aussicht, vor allem auf den See und das Massif des Bauges. Seit der Betriebseinstellung der Seilschwebebahn ist der Gipfel nur mehr »zu Fuß« erreichbar. Die Aufstiegszeit von rund 2 ½ Std. ab *Veyrier-du-Lac* (473 m) kann allerdings erheblich verkürzt werden, wenn man das Sträßchen zum Col des Contrebandiers (1054 m) befährt (Abzweigung beim Weiler Sur-les-Bois an der Straße von Annecy nach Dingy-St-Clair, D 16).

Le Parmelan (1832 m). Ein weiterer vielbesuchter Aussichtsberg in der näheren Umgebung von Annecy ist der Parmelan, ein mächtiger Kalkstock, der sich nordöstlich der Alpenstadt erhebt. Markierte Wege führen von der Häusergruppe *La Blonnière* (960 m), die man über Dingy-St-Clair erreicht, oder dem Endpunkt der Forststraße von *Villaz* aus zum Gipfel (2 ¾ bzw. 2 ¼ Std.). Knapp unterhalb steht das *Chalet Dunant* des Französischen Alpenclubs.

Thorens-Glières (670 m). Rund 20 km nordöstlich von Annecy, am Eingang in das enge Tal der Filière, liegt Thorens, überragt von seinem mächtigen Schloß (11. Jh.). Im Erdgeschoß des Wohntraktes ist ein kleines Museum eingerichtet. Es zeigt neben Erinnerungsstücken an den berühmten Ahnherrn François de Sales und den italienischen Grafen Cavour (1810–1861), dessen Großmutter eine Sales war und der als Minister des Königreichs Sardinien maßgeblichen Anteil an der Versöhnung Frankreichs mit Italien hatte, alte Möbel sowie sechs große flandrische Bildteppiche aus dem 16. Jahrhundert.

(◷ April bis Oktober an Wochenenden und Feiertagen 14–18 Uhr, Juli bis Mitte September 10–12, 14–18 Uhr.)

Eine kurvenreiche Bergstraße verläuft östlich von Thorens in das schöne Wandergebiet am *Plateau de Glières* (13 km). Hier fanden 1944 heftige Kämpfe zwischen der Résistance und deutschen Truppen statt. Die 105 Gefallenen wurden im Cimetière des Glières (an der D 909, 3 km westlich von Thônes) beigesetzt. Neben dem Soldatenfriedhof steht das *Musée de la Résistance*.

La Clusaz (1040 m). Das rund 1400 Einwohner zählende Bergdorf am Non hat sich zu einem bedeutenden Wintersportplatz entwickelt. Zahlreiche Seilbahnen und Lifte erschließen die Umgebung; in den Sommermonaten bilden die Gipfel rund um *La Clusaz* lohnende Ziele für Wanderer und Bergsteiger.

Dieser Ferienort im Herzen des Aravis-Massivs ist von Annecy auf der gut ausgebauten D 909 über den *Col de Bluffy* (630 m) und *Thônes* (626 m; sehenswerte Kirche, Heimatmuseum) zu erreichen.

ⓘ Office de Tourisme, Place de l'Eglise,
F-74220 La Clusaz.

Bei guten Sichtverhältnissen empfiehlt sich eine Fahrt mit der 1715 m langen Gondelbahn von La Clusaz zum *Plateau de Beauregard* (1650 m); lohnend ist weiter ein Abstecher in das reizvolle *Vallon des Confins (Télécabine Combe de la Balme).*

Für die Rückfahrt nach Annecy bietet sich zwischen La Clusaz und Thônes neben der D 909 als Alternative die landschaftlich reizvollere Strecke über den *Col de la Croix-Fry* (1447 m) an.

La Tournette (2351 m). Im Südosten des Lac d'Annecy erhebt sich der mächtige Bergstock der Tournette. Ihr Gipfel ist über die Nordwestflanke leicht zu erreichen. Der markierte Wanderweg (4 Std.) verläuft vom Col de la Forclaz (1150 m) über die Roche de Roux (1555 m).

* Chambéry

Reizvoll zwischen den Voralpenmassiven Les Bauges und Chartreuse gelegen, ist Chambéry (272 m; 60 000 Einw.) Verwaltungszentrum des Départment Savoie und Sitz eines Erzbischofs. Die lebhafte Alpenstadt, seit jeher das »Herz Savoyens«, breitet sich an der dem Lac du Bourget zufließenden Leysse aus. Touristisch steht sie im Schatten von Aix-les-Bains, doch verdient Chambéry, obwohl für einen Ferienaufenthalt weniger geeignet, im Hinblick auf seine zahlreichen Sehenswürdigkeiten doch einen Besuch.

GESCHICHTE

Die zwischen Voralpengebirgen eingelagerte Senke von Chambéry war bereits in prähistorischer Zeit Siedlungsgebiet keltischer Volksstämme. Nach der Eroberung Galliens durch die römischen Legionen wird die Allobrogersiedlung zu einer wichtigen Poststation (Lemencum) an der Heerstraße, die das Aostatal mit Vienne (Vienna) verbindet.

Im frühen Mittelalter spielt Chambéry nur eine unbedeutende Rolle; erst als die Stadt im 13. Jh. Residenz der Savoyer Grafen wird, beginnt ihr Aufstieg. Bedeutendste Persönlichkeit dieser Epoche ist *Amédée VIII,* der als erster seines Geschlechts in den Herzogstand erhoben wird. Er fügt seinem Besitz das Genevois hinzu, tritt 1434 plötzlich ab und zieht sich in das Château de Ripaille (siehe Route 3) zurück. 1439 wählt ihn das Basler Konzil zum Gegenpapst.

1562 verlegt Herzog Emmanuel-Philibert seine Residenz aus politisch-strategischen Überlegungen nach Turin; Chambéry bleibt Verwaltungshauptstadt Savoyens.

SEHENSWÜRDIGKEITEN

Hauptverkehrsader von Chambéry ist die großzügig angelegte

Avenue des Ducs de Savoie [1], die sich von der *Place de la Libération* bis zur *Place du Centenaire* erstreckt.

An dem sich westlich anschließenden *Boulevard du Musée* steht links das

Kunstmuseum *(Musée des Beaux-Arts)* [2]. Dort befindet sich eine beachtenswerte Gemäldesammlung mit zahlreichen Werken französischer und vor allem italienischer Künstler des 15.–18. Jhs. (u. a. von *Paolo Uccello, Jacopo Bassano, Tizian).* Die im gleichen Gebäude untergebrachte Bibliothek bewahrt das im Jahre 1736 abgefaßte Testament von *Jean-Jacques Rousseau* auf.

(🕓 Mi–Mo 10–12, 14–18 Uhr.)

Südlich der Place du Centenaire erhebt sich an der *Rue St-Antoine* die aus dem frühen 17. Jh. stammende *Eglise Notre-Dame* (reiche Ausstattung).

Von der Place du Centenaire führt der *Boulevard de la Colonne* in südöstliche Richtung. An seinem Ende steht die populäre

Fontaine des Eléphants, ein Brunnendenkmal, 1838 zur Erinnerung an Général de Boigne (1751–1830) errichtet, der die Stadt Chambéry zur Erbin seines in Indien erworbenen Vermögens machte. Nach Boigne ist auch Chambérys schönste Geschäftsstraße benannt, deren Arkaden – auch bei Schlechtwetter – zum Flanieren einladen. Nur wenige Schritte weiter südlich steht rechts am *Boulevard du Théâtre* der ehemalige *Bischöfliche Palast,* in dem heute das

Das Schloß der Savoyer Herzöge

Savoyische Museum *(Musée Savoisin)* [3] untergebracht ist. Das interessante Ausstellungsgut umfaßt neben Funden aus prähistorischer und römischer Zeit eine Münzsammlung, ein Kupferstichkabinett, sakrale Kunstwerke, Fayencen sowie Dokumente zur Geschichte Savoyens. Eine kleine Sammlung von Stadtansichten gibt Aufschluß über die bauliche Entwicklung Chambérys.

(◷ Mi–Mo 10–12, 14–18 Uhr.)

Unmittelbar neben dem Museum erhebt sich die

Cathédrale St-François-de-Sales, ein stattlicher Bau aus dem 15./16. Jh., der stilistisch bereits Anklänge der Frührenaissance (Portal von 1522) erkennen läßt. In der Sakristei befinden sich einige bemerkenswerte Kunstgegenstände; u. a. eine byzantinische Skulptur (10. Jh.) und ein schönes Holzrelief (»La Nativité«) aus dem 16. Jh.

Zwischen der Kathedrale und dem mächtigen Schloß (siehe unten) liegt die eigentliche *Altstadt* Chambérys, die mit ihren winkligen Gassen zu einem beschaulichen Spaziergang einlädt (z. T. Fußgängerzone).

Von kunsthistorischem Interesse sind vor allem die *Rue de la Croix-d'Or* und die *Rue Dessaix* mit ihren schönen Bürgerhäusern aus dem 15. bis 18. Jh. Eine Besonderheit bilden die sogenannten »Trajes«, bei denen es sich um ein Labyrinth von Durchgängen handelt, die ursprünglich Verteidigungszwecken dienten. Von der langgestreckten *Place St-Léger* führt die *Rue Basse-du-Château* hinauf zum

Schloß *(Château)* [4], einst Residenz der Herzöge von Savoyen, heute Sitz der Präfektur. Die ältesten Teile dieses mächtigen Gebäudekomplexes – der diverse Male umgebaut und erweitert wurde – entstanden im 13. Jh.

Zum Schloß gehört auch die im frühen 15. Jh. erbaute, später mit einer barocken Fassade versehene **Sainte-Chapelle* (prächtige Glasfenster im Chor). Hier befand sich das berühmte Turiner Leichentuch, ehe es 1578 in die neue Hauptstadt Savoyens, Turin, verbracht wurde.

(◷ Führungen Juli/August täglich 10.30, 14.30, 15.30, 16.30, 17.30 Uhr; Juni/September täglich 14.30 und 16 Uhr; Mai täglich 14.30 Uhr, So 15.30 Uhr, März/April Sa 14.15 Uhr, So 15.30 Uhr.)

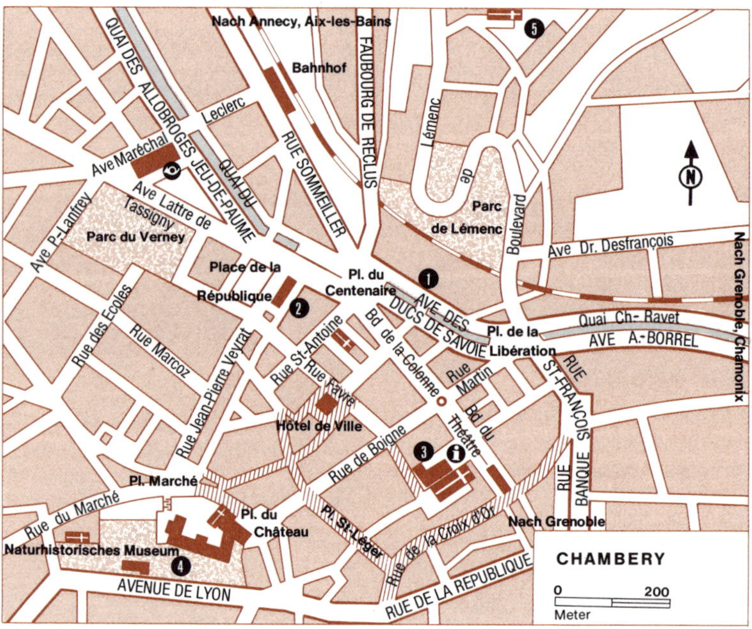

Unweit des Schlosses, an der Avenue de Lyon, befindet sich das *Naturhistorische Museum (Musée d'Histoire naturelle).*
(◷ täglich außer So 14–18 Uhr.)

Von der Westseite des Schlosses, die von der mächtigen *Tour Demi-Ronde* beherrscht wird, führt ein Treppenweg zur *Place Maché* hinab. Hier wurde das aus dem 15. Jh. stammende *Portail St-Dominique,* ein Überrest des abgebrochenen Dominikanerklosters, wieder aufgestellt.

Als Abschluß des Rundgangs empfiehlt sich ein Besuch der

*** Eglise de Lémenc** [5], die man von der *Place de la Libération* über den *Boulevard de Lémenc* erreicht (schöne Aussicht). Das im 15. Jh. erbaute Gotteshaus – Grabstätte des *Generals de Boigne* – steht über einer karolingischen Krypta (9. Jh.), die ihrerseits auf den Resten eines römischen Tempels errichtet wurde.

Erinnert die Kirche an die Ursprünge der Stadt, so entdeckt man an ihrem anderen Ende – im Südosten, über der Altstadt – ein Bauwerk, das die »cité moderne« repräsentiert: die *Maison de la Culture,* nach Plänen des Schweizer Stararchitekten Mario Botta erbaut (1987).

PRAKTISCHE HINWEISE

ⓘ Office de Tourisme, 24, bd de la Colonne, F-73000 Chambéry, ☎ 79 33 42 47.
✈ 8 km nördlich von Chambéry (Aéroport Chambéry–Aix-les-Bains).
🚌 Lyon, Aix-lex-Bains, Annecy, Modane, Grenoble, Albertville, Bourg-St-Maurice.

AUSFLÜGE

Les Charmettes. Unmittelbar südlich von Chambéry liegt inmitten einer hübschen Hügellandschaft das bescheidene Landhaus Les Charmettes. Von 1735 bis 1740 wohnte hier der junge Jean-Jacques Rousseau als Gast von Madame Warens. In dem aus dem 17. Jh. stammenden Bau, heute im Besitz der Stadt Chambéry, ist ein kleines *Museum* mit Erinnerungsstücken an den Dichter untergebracht.

(◷ April bis Sept. tägl. außer Di 10–12, 14–18 Uhr; Okt. bis März 10–12, 14–16.30 Uhr.)

Lac d'Aiguebelette. Ein lohnendes Ausflugsziel in der Umgebung von Chambéry ist der reizvoll am Westfluß der Montagne de l'Epine gelegene Lac d'Aiguebelette. Der rund 4 km lange und bis 3 km breite See (Bademöglichkeiten) ist mit dem Auto auf guten Bergstraßen (D 916) über den 987 m hohen *Col de l'Epine* und *Novalaise* erreichbar; wer's eilig hat, nimmt gleich die Autoroute A 43. Westlich des Sees, nahe der Autobahn, finden sich zwei sehr verschiedene Ziele, beide auf ihre Art und für ihr Publikum von Interesse: das *Archäologische Museum* in Aoste mit gallo-römischen Funden (◷ Juni täglich außer Di 10–12, 14–18.30 Uhr, Juli bis September täglich außer Di 14–19 Uhr) und – vor allem für Familien – der *Zoo* von Fitilieu les Abrets (für beide Ausfahrt »Les Abrets«, 30 km von Chambéry).

Grottes des Echelles. Südwestlich von Chambéry liegen die Grotten an der N 6.

Mont St-Michel (895 m). Der südöstlich von Chambéry aufragende Höhenrücken, ein exponierter Ausläufer der Bauges, ist bekannt als vorzügliche Aussichtswarte (Zufahrt über Curienne bis zum Weiler Montmorlet, 14 km, dann Fußweg).

*** Dent du Nivolet** (1547 m). In der alpinen Kulisse der savoyischen Hauptstadt ist die Dent du Nivolet ein markanter »Eckzahn«. Von dort oben bietet sich der zu Recht viel gerühmte Panoramablick: über den Lac du Bourget hinweg bis hinein ins Tal der Isère.

Von La Féclaz kommt man zu Fuß in etwa 1 ½ Std. leicht auf den Gipfel. Etwas anstrengender gestaltet sich der Anstieg von dem Weiler *Pragondran* (2 ¼ Std.), 8,5 km von Chambéry.

Allevard-les-Bains (475 m; 2600 Einw.), rund 30 km südöstlich von Chambéry im waldreichen Tal des Bréda gelegen, ist ein beliebter Kur- und Ferienort. Seine starken Schwefelquellen finden vor allem bei chronischen Katarrhen Anwendung (Kurhäuser). Die reizvolle Umgebung bietet gute Ausflugsmöglichkeiten abseits frequentierter Verkehrswege. Neben einer Fahrt in das von den Gipfelketten der *Belledonne* umrahmte Hochtal des Bréda (bis Fond-de-France 17 km) ist vor allem der Abstecher zum Aussichtspunkt *Le Collet* (1450 m) auf einer 15 km langen Serpentinenstraße zu empfehlen. Am Fuß des Bergrükkens, in der Waldeinsamkeit des Benstales, liegt das ehemalige Kartäuserkloster von *St-Hugon* (17. Jh.).

Couvent de la Grande Chartreuse. Das Mutterkloster des Kartäuserordens, rund 30 km südlich von Chambéry im Massif de la Chartreuse gelegen, bildet eines der klassischen Ausflugsziele in der Umgebung der savoyischen Metropole (s. Route 1).

* Grenoble

Zentrum des Département Isère, Bischofssitz und Universitätsstadt, breitet sich Grenoble (214 m; 160 000 Einw., mit Vororten 400 000) in einem weiten, von mehreren Gebirgsketten umgebenen Talkessel aus. Die historische Hauptstadt der Dauphiné, in Lage und Bedeutung nur mit Innsbruck vergleichbar, ist geistiger und wirtschaftlicher Mittelpunkt der Französischen Alpen.

Die rasante Entwicklung der letzten Jahrzehnte spiegelt sich im Weichbild Grenobles wider: Um den alten Ortskern liegt ein breiter Gürtel von neuen Vorstädten mit großzügig angelegten Verkehrswegen und mehreren markanten, fast schon futuristisch anmutenden Bauwerken. Sie unterstreichen augenfällig die Bedeutung Grenobles als eines der Zentren französischer Hoch-Technologie. Geblieben ist der herrliche Landschaftsrahmen, erhalten auch noch einiges an historischer Bausubstanz – Grund genug für einen Besuch.

GESCHICHTE

Bereits in vorrömischer Zeit besteht am Zusammenfluß von Isère und Drac die bescheidene keltische Siedlung Cularo. Der Ort wird 379 von dem weströmischen Kaiser Gratianus als Gratianopolis zur Stadt erhoben. Im 5. Jh. sind die Burgunder die Herren der Stadt und von 534 an die Franken. Im 12. Jh. wählen die Grafen von Albon, die später den Titel »Dauphins« annehmen, Grenoble zu ihrer Residenz. In das Jahr 1339 fällt die Gründung der Universität durch Humbert II; 1349 wird die Dauphiné an das französische Königshaus verkauft. Zu Ende des 16. Jahrhunderts erlebt Grenoble trotz der Hugenottenkriege, die Frankreich erschüttern, eine Zeit wirtschaftlicher Blüte. 1788 stellt sich die Stadt an die Spitze der von Vizille ausgehenden revolutionären Bewegung; am 7. März 1815 öffnet sie als erste große Siedlung dem von Elba zurückkehrenden Napoleon ihre Tore.

Die Place Grenette, Mittelpunkt des alten Grenoble

Das 19. Jh. bringt Grenoble, bedingt durch die einsetzende Industrialisierung, einen bedeutenden wirtschaftlichen Aufschwung; die Einwohnerzahl verdoppelt sich.

Eine technische Pioniertat gelingt dem Ingenieur Aristide Bergès 1869 mit dem Bau des ersten Wasserkraftwerks in Frankreich; er weist damit neue Wege zur Elektrizitätsgewinnung (Museum in Lancey, 15 km nordöstlich von Grenoble an der D 523).

1968 werden die X. Olympischen Winterspiele ausgetragen.

SEHENSWÜRDIGKEITEN

Mittelpunkt der (teilweise autofreien) Altstadt von Grenoble ist die belebte

Place Grenette [1], die sich ihren historischen Charakter teilweise bewahrt hat – mit ihren Straßencafés ein beliebter Treff für jung und alt. Mehrere Gassen münden auf den brunnengeschmückten Platz. An der nahen Rue Montorge (Nr. 7) befindet sich das *Hôtel Napoléon,* in dem Napoleon nach seiner Rückkehr von Elba im März 1815 übernachtete. Unweit westlich des Platzes steht an der Rue Félix-Poulat die reich ausgestattete Kirche *St-Louis* (1669). Im Osten, an der Rue J.-J. Rousseau, befindet sich das *Résistance-Museum* mit Erinnerungsstücken an die französische Widerstandsbewegung im Zweiten Weltkrieg, die in und um Grenoble ihr Zentrum hatte (🕒 Mo, Mi–Sa 14–17.30 Uhr).

Jardin de Ville [2]. Inmitten der gepflegten Parkanlage steht das alte *Hôtel de Ville* (Rathaus), ein stattlicher, im späten 16. Jh. als Residenz des Herzogs von Lesdiguières errichteter Bau. Im Erdgeschoß ist das *Stendhal-Museum (Musée Stendhal)* eingerichtet. Es zeigt u. a. Erinnerungsstücke an den in Grenoble geborenen Dichter Henry Beyle (1783–1842), genannt *Stendhal* (◷ täglich außer Mo 14–18 Uhr; besichtigen kann man auch sein Geburtshaus in der Grande Rue, Nr. 20, ◷ täglich außer Mo 10–12, 14–18 Uhr; vom 1. bis 20. September geschlossen.

Die kurze *Rue Hector-Berlioz* verläuft zur *Place St-André* (Bayard-Denkmal), an der die Kirche

St-André steht. Sie wurde 1220 bis 1236 als Schloßkapelle der Dauphins erbaut (Turm von 1298) und zeichnet sich durch eine bemerkenswerte Innenausstattung aus. Im linken Querschiff steht das Grabmal (17. Jh.) des Ritters Bayard.

Die Nordseite des Platzes wird beherrscht vom

Das Palais de Justice

*** Palais de Justice** [3], dem ehemaligen Ständehaus der Dauphiné aus dem 15. und 16. Jh. Sehenswert (zur Besichtigung muß man sich an

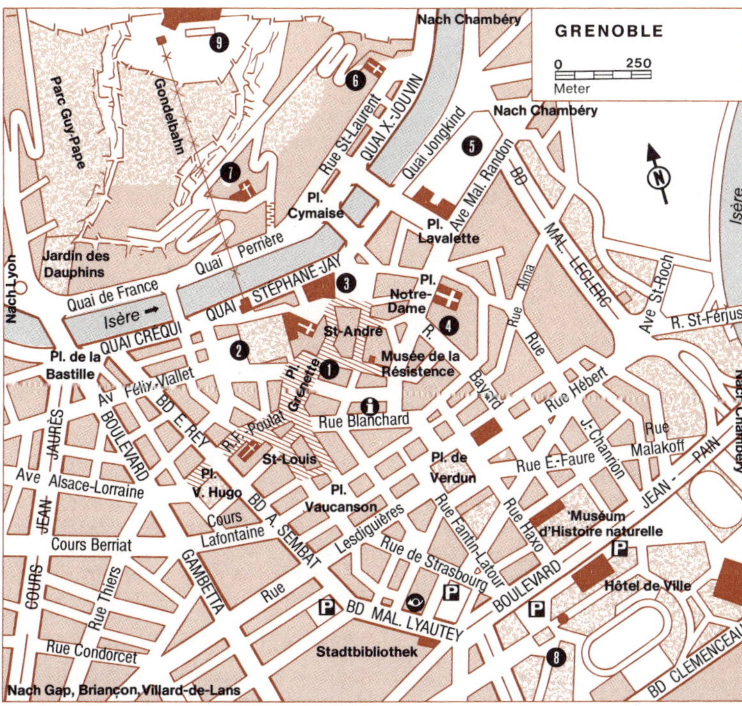

den Pförtner wenden) sind vor allem die *Première Chambre du Tribunal civil* (Holzschnitzarbeiten von Paul Jude, 1524) und die *Salle des Audiences solenelles* (8 m hoch, alte Decke).

Die *Rue du Palais* und ihre östliche Fortsetzung, die *Rue Brocherie,* verbindet die *Place St-André* mit der *Place Notre-Dame,* an der die

Cathédrale Notre-Dame [4] steht. Das in seinen ältesten Teilen (Turm) aus dem 12. Jh. stammende Bauwerk wurde leider recht unglücklich restauriert; bemerkenswert ist die schöne Ausstattung (u. a. ein 14 m hoher Tabernakel von 1457).

Von der Place Notre-Dame sind es nur wenige Schritte zum neuen, großzügig konzipierten

** **Kunstmuseum** (Musée de Peinture et de Sculpture) [5], das 1865 gegründet wurde und nun aus den engen Räumlichkeiten zur neuen Adresse an der Place de Verdun umgezogen ist. Es handelt sich um eine der bedeutendsten Kunstsammlungen der französischen Provinz. Eindrucksvoll vertreten ist die klassische Moderne (Gauguin, Monet, Renoir, Matisse, Léger, Picasso u. a.); die Abteilung alter Meister umfaßt u. a. Werke von Veronese, Perugino, Zurbarán, P. Brueghel, Franz Snyders, Rubens, G. de la Tour und Albrecht Dürer.

(🕓 täglich außer Di 10–12, 14–18 Uhr).

Zu empfehlen ist bei diesem Stadtrundgang ein Abstecher zum rechten Ufer der Isère. Dort liegt am Fluß des Bastille-Hügels die Kirche

* **St-Laurent** [6], ein Bauwerk aus dem 11. Jh. Es erhebt sich über einer merowingischen Kapelle aus dem späten 6. Jh., die zu den ältesten Zeugnissen christlicher Baukunst auf französischem Boden gehört.

(🕓 täglich außer Di 10–12, 14–18 Uhr; Führungen Juni bis September täglich 10, 14.30, 16.30, Oktober bis Mai nur So 14.30, 15.30, 16.30 Uhr.)

Neben dem Gotteshaus steht die *Porte St-Laurent,* ein aus dem 17. Jh. stammender Rest der von Vauban errichteten Stadtbefestigung.

Vom Westende der *Rue St-Laurent (Place Cymaise)* führt die *Montée de Chalemont* steil hinauf zum ehemaligen Kloster *Sainte-Marie-d'en-Haut,* in dem das

Dauphiné-Heimatmuseum *(Musée Dauphinois)* [7] untergebracht ist. Zu sehen ist eine interessante historische und ethnographische Sammlung.

(🕓 täglich außer Di 9–12, 14–18 Uhr).

Den südlichen Rand der Altstadt markiert die *Place de Verdun;* ganz in der Nähe, an der Ecke Rue Haxo/Rue Dolomieu, liegt das *Naturhistorische Museum (Musée d'Histoire naturelle):* alpine Flora und Fauna, mineralogische Sammlung mit Schwerpunkt Westalpen.

(🕓 Mo–Sa 9.30–12, 13.30–17.30 Uhr, So 14–18 Uhr.)

Jenseits des *Boulevard J.-Pain* liegt der

Parc Paul-Mistral [8], eine ausgedehnte, gepflegte Parkanlage mit einem kleinen Tiergarten. An ihrer Nordseite steht das neue *Hôtel de Ville* (Rathaus); den eindrucksvollen Abschluß gegen Südosten bildet das *Palais des Sports.* Ein prächtiger Blick auf die Stadt vor der Gebirgskulisse bietet sich vom 87 m hohen *Perret-Turm.*

Westlich des Parc Paul-Mistral, am nahen Boulevard Maréchal Lyautey, liegt die *Städtische Bibliothek.* Sie besitzt rund 300 000 Bände, 20 000 Manuskripte (darunter jene des Klosters Grande Chartreuse und das gesamte Werk Stendhals), 700 Inkunabeln und 80 000 Stiche.

Etwa 15 Gehminuten weiter südlich, an der *Rue P.-Claudel,* liegt das moderne *Maison de la Culture* (kulturelle Veranstaltungen).

Im Westen der Stadt, am Cours Berriat, unweit des Drac, ist in einem alten Industriekomplex (von G. Eiffel, um 1900) das *Centre National d'Art contemporain* (zeitgenössische Kunst) untergebracht (Wechselausstellungen; 🕓 Di–So 12–19 Uhr). – Im Anschluß an den Stadtrundgang empfiehlt sich ein Abstecher zum

Fort de la Bastille [9], das sich nördlich der Stadt auf einem steil zur Isère abfallenden Höhenrücken erhebt. Den berühmten Aussichtspunkt kann man mühelos mit der Schwebebahn erreichen (Talstation beim Jardin de Ville). Der * Panoramablick von der Terrasse, unmittelbar über der Bergstation (481 m; Restaurant), ist faszinierend – auch während der Nacht (Bahn verkehrt von 9–24 Uhr!). In der Festung ist eine sehenswerte Ausstellung (Musée des Automobiles anciennes) von Oldtimern untergebracht.

PRAKTISCHE HINWEISE

ℹ Maison de Tourisme; 14, rue de la République, F-38000 Grenoble, ☎ 76 54 34 36.
✈ Flugplatz Grenoble-St-Geoirs (40 km).

Lyon, Valence, Chambéry, Modane, Bourg-St-Maurice, Aspres-sur-Buech (–Gap, Nizza), La Mure.

Mit den Ortschaften der Umgebung, Rundfahrten, Paßfahrten im Sommer.

AUSFLÜGE

Uriage-les-Bains (414 m), das verwaltungsmäßig zu dem höhergelegenen Dorf *St-Martin-d'Uriage* (680 m; 1800 Einw.) gehört, genießt als Thermalkurort einen guten Ruf. Seine eisenhaltige schweflige Salzwasserquelle (400 000 Liter pro Tag, 28 °C) wirkt vor allem gegen Hautleiden, Rheuma und Blutkrankheiten.

Man erreicht das hübsche, am Fluß der Chaîne de Belledonne gelegene Uriage von Grenoble aus am schnellsten auf der D 524. Grenoble–Uriage 10 km.

Chamrousse (1620 m). Zu den empfehlenswertesten Ausflugszielen in der näheren Umgebung Grenobles gehört der Luftkurort und Wintersportplatz Chamrousse, Austragungsort der Winterolympiade 1968 (Ski alpin). Eine vorzüglich ausgebaute Ringstraße, die in *Uriage-les-Bains* ihren Ausgang nimmt, läßt den Abstecher in eine lohnende Rundfahrt einbeziehen.

Man genießt schöne Ausblicke in die Täler des Drac und der Isère sowie auf das Häusermeer von Grenoble.

Einen großartigen Panoramablick hat man vom **Croix de Chamrousse* (2257 m), dem südlichsten Gipfel der langgestreckten Belledonne-Kette. Man erreicht ihn von Chamrousse aus bequem mit einer Schwebebahn. Die berühmte Aussicht reicht nach Osten bis zu den Grandes Rousses und den Gipfeln der Pelvoux-Gruppe (Les Ecrins, 4102 m); im Norden und Westen wird sie von den Kalkstöcken der Chartreuse und des Vercors abgeschlossen.

Von der Bergstation empfiehlt sich der kurze Abstecher zu den prächtig in einem Talkessel gelegenen *Lacs Robert* (1995 m). Ein markierter Weg führt über den *Col des Trois Fontaines* zu den Seen (1 ½ Std. hin und zurück).

Sassenage (210 m; 7000 Einw.). Nordwestlich von Grenoble, an der Mündung des im Vercors entspringenden Furon, liegt Sassenage, bekannt durch seinen gleichnamigen Käse. Über dem stattlichen Ort erhebt sich das *Château de Bérenger* (17. Jh.); es bewahrt eine kostbare Ausstattung des 17. und 18. Jhs. (Führungen).

Einen Besuch verdienen weiter die *Cuves de Sassenage.* Man erreicht den Eingang zu den sehenswerten Grotten zu Fuß in einigen Minuten (Führungen Mai, Juni und Sept. täglich außer Di 9–11, 14–18 Uhr; Juli/August täglich 9–18 Uhr).

Le Graisivaudan. Das Tal der Isère zwischen Chambéry und Grenoble – gelegentlich als »alpiner Boulevard« bezeichnet – trennt die Hauptalpen von den ihnen westlich vorgelagerten Kalkmassiven; es findet nördlich seine Fortsetzung in der *Combe de Savoie.* Der landschaftliche Reiz dieses breiten Tals liegt in seinen Mittelgebirgsterrassen, einem »Vermächtnis« des eiszeitlichen Isèregletschers. Sowohl das *Plateau des Petites Roches* als auch die Ausläufer der *Belledonne-Kette* sind durch aussichtsreiche Höhenstraßen erschlossen.

Dadurch ergibt sich die Möglichkeit zu einer »Bummelrunde« mit viel Auf und Ab, zahllosen Kurven und herrlichen Aus- und Tiefblicken.

Die westliche Höhenroute zweigt in *Les Eymes,* 12 km von Grenoble, ab: sie läuft über das »Plateau der kleinen Felsen« talaufwärts bis *Chapareillan* (44 km). Schönster Aussichtspunkt an der Strecke ist der *Bec du Margain* (1054 m; Orientierungstafel), den man von der D 30 zu Fuß in wenigen Minuten erreicht.

Zum Plateau des Petites Roches führt auch eine Standseilbahn; sie überwindet bei Steigungsmaxima von 83% den Höhenunterschied aus dem Graisivaudan (Talstation Montfort an der N 90, 15 km von Grenoble).

Als östliches Gegenstück zur *Corniche des Petites Roches* verbindet die D 280 *St-Pierre -d'Allevard* mit *Uriage-les-Bains* (60 km); sie führt in zahlreiche kleine Seitentäler und überquert mehrere unbedeutende Paßhöhen (Col du Barioz, 1041 m). Unter den vielen reizvollen Ausblicken ist jener vom *Croix de Revollat,* unweit von St-Mury-Monteymond, besonders hervorzuheben. *Heimatmuseum* in La Combe-de-Lancey.

**** Le Vercors:** siehe Route 8.

*** Massif de la Chartreuse:** siehe Route 1.

**** Circuit des Grands Cols.** Eine Vielzahl prächtiger Hochgebirgsszenerien vermittelt diese über die Pässe Lautaret, Galibier und Croix de Fer verlaufende Rundfahrt. Grenoble–Col du Lautaret–St-Michel-de-Maurienne–St-Jean-de-Maurienne–Col de la Croix de Fer–Grenoble 245 km. Beschreibung siehe Route 4, 5 und 6.

Genf (Genève) – ** Annecy – Les Bauges – * Chambéry – Chartreuse – * Grenoble (180 km)

Die 1838 erbaute Charles-Albert-Brücke

Zwischen Genf und Grenoble bestehen mehrere gut ausgebaute Straßenverbindungen. Neben der Autobahn ist vor allem die über große Strecken fast parallel verlaufende Nationalstraße über Annecy–Aix-les-Bains–Chambéry zu erwähnen. Um etwa 30 km länger und weniger schnell, dafür aber landschaftlich viel abwechslungsreicher ist die beschriebene Fahrt durch die Voralpenmassive der Bauges und der Chartreuse. Auf kurvenreicher Strecke überquert man dabei einige Pässe. Insgesamt ist zwischen Genf und Grenoble der Höhenunterschied von gut 4000 m zu überwinden.

Für einen längeren Aufenthalt eignen sich neben der Region Annecy (s. S. 19) die Ortschaften in den Bauges und vor allem in der Chartreuse. Das wald- und schluchtenreiche Kalkmassiv zwischen Chambéry und Grenoble ist nicht nur die Heimat eines beliebten Kräuterlikörs, sondern auch ein ruhiges Feriengebiet mit guten Wandermöglichkeiten.

Mornex (518 m), den Ausgangspunkt der *Route du Salève* (D41), erreicht man von Genf (Beschreibung siehe Polyglott-Reiseführer »Westschweiz/Wallis«) rasch über Veyrier (428 m; Seilbahn auf den Salève) oder Annemasse (433 m). In dem Kurort am Fuß des Genfer »Hausberges« war Richard Wagner 1856 zu Gast; er komponierte hier die Walküre.

Die »Salève-Höhenstraße« führt über *Monnetier* (695 m), einen kleinen, hübsch gelegenen Sommerferienort, in zahlreichen Serpentinen bergan. Am Aussichtspunkt *Treize Arbres* (1184 m; kurzer Fußweg zur Orientierungstafel) eröffnet sich ein prächtiges Panorama, das die langgestreckten Juraketten, den Genfer See (Lac Léman) und seine Uferorte, das Montblancmassiv und die Berge des Chablais, des Faucigny und des Aravis umfaßt.

Die Tour setzt sich – mit schönen Ausblicken – im Kammbereich des Salève-Höhenrückens (höchster Punkt *Grand Piton,* 1375 m) über den *Col de la Croisette* (1176 m) fort. Dann geht es in vielen Windungen hinab nach

Cruseilles (783 m; 2000 Einw.), 43 km, einem hübschen Städtchen am Südhang des Bergstocks. Auf der Weiterfahrt kommt man nach kurzem Gefälle zu den **Ponts de la Caille.* In den Jahren 1925–1928 wurde hier eine moderne Brücke, Pont moderne genannt, erbaut, von der man einen eindrucksvollen Blick in die 150 m tiefe Schlucht des Usses hat. Unmittelbar neben dieser Brücke überquert die 1838 unter König Charles-Albert von Sardinien erbaute Hängebrücke (Pont Charles-Albert) den Abgrund.

Die Fahrt setzt sich über *Allonzier-la-Caille* nach

****Annecy** (448 m; 50 000 Einw.), 61 km (s. S. 19), fort, das am Nordende des gleichnamigen Sees liegt.

Man verläßt das Stadtgebiet durch die *Rue des Marquisats* und folgt zunächst einmal der N 508, die sich am Westufer des Lac d'Annecy entlangzieht. In *Sévrier* jedoch (456 m; kleines Glockenmuseum) beginnt die über zwei Wasserscheiden führende Durchquerung des Voralpenmassivs *Les Bauges.* Auf dem 897 m hohen

Col de Leschaux, 78 km, mündet rechts die überaus lohnende *Route du Semnoz* (zum *Crêt de Châtillon* 12 km) ein. Jenseits der Scheitelhöhe senkt sich die Paßstraße ins Tal des Chéran, wo man die D 911 kreuzt. An ihr liegt 5 km weiter südöstlich

Le Châtelard (757 m; 600 Einw.), der Hauptort der Bauges.

Ein lohnender Abstecher führt über den Flecken Ecole östlich in den malerischen, von den höchsten Gipfeln des Massivs umrahmten *Vallon de Bellevaux* (11 km). Die Kapelle *Notre-Dame-de-Bellevaux* ist alljährlich Ziel einer Wallfahrt (Pfingstmontag). Aus dem Talschluß kann man in etwa 3 ½ Std. den *Arcalod* (2217 m) besteigen (markierter Weg). Von Ecole steigt die Straße zum *Col du Frêne* (950 m) und senkt sich dann mit hübschen Ausblicken ins Tal der Isère. Sie bietet sich als Variante zur D 912 an (Mehrdistanz 26 km), vermittelt einige interessante Landschaftseindrücke und läßt sich gut mit einem Besuch von Schloß *Miolans* (s. Route 5) verbinden.

Auf der D 912 überquert man bei der obengenannten Straßenteilung den *Pont de Lescheraines.* Anschließend geht es über den Weiler *Lescheraines* (615 m; ⛺) und *Le Noyer* (840 m) hinauf zum

Col de Plainpalais (1173 m), 99 km, wo rechts die Mont-Revard-Aussichtsstraße (s. S. 17) abzweigt. Die Route Départementale 912 führt im Tal der Leysse hinab nach

*** Chambéry** (272 m; 60 000 Einw.), 116 km (s. S. 23), der alten Hauptstadt Savoyens. Hier beginnt die *Route des Trois Cols,* welche quer duch das Voralpenmassiv der Chartreuse nach Grenoble führt. Sie steigt in vielen Windungen an den nördlichen Abhängen des Mont Joigny (1556 m, hübsche Ausblicke) bergan. Man durchfährt den *Tunnel du Pas de la Fosse* (867 m) und gewinnt nach einer Hangstrecke den

Col du Granier (1134 m), 132 km. Südlich über der Paßhöhe erhebt sich der *Mont Granier* (1933 m), der seine charakteristische Form durch einen gewaltigen Bergsturz (1248) erhalten hat (Fußweg zum Gipfel, 3 Std).

Jenseits der Wasserscheide zieht die Straße über *Entremont-le-Vieux* (840 m) abwärts. Man durchfährt die *Gorges d'Entremont,* eine malerische Schlucht, und erreicht den hübsch am Oberlauf des Guiers Vif gelegenen Flecken

St-Pierre-d'Entremont (644 m; 400 Einw.), 141 km. Ausflugsziele in der näheren Umgebung sind der *Cirque de St-Même,* ein imposanter Talschluß (südöstlich, Straße 4 km), und der Aus-

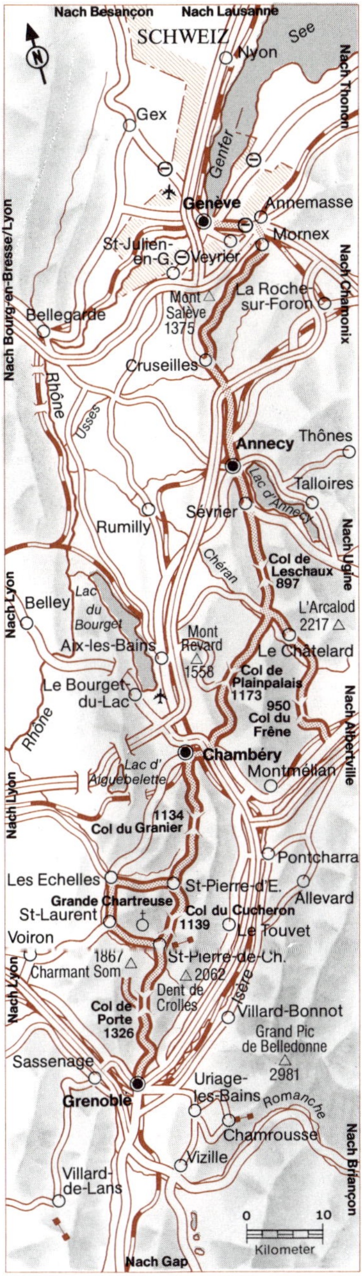

sichtspunkt bei den Ruinen des *Château du Gouvernement* (westlich, Straße 3 km). In *St-Pierre* beginnt die wenig Abwechslung bietende Auffahrt zum 1139 m hohen *Col du Cucheron*. Eine empfehlenswerte Variante, die aber mit einem Umweg von 11 km verbunden ist, führt durch die großartigen *Gorges du Guiers Vif* nach *St-Laurent-du-Pont* (416 m) und anschließend durch die nicht weniger eindrucksvolle Schlucht des *Guiers Mort* wieder zurück zur D 512. Die beiden Routen treffen in

St-Pierre-de-Chartreuse (888 m; 600 Einw.), 154 km, wieder zusammen. Der hübsch gelegene kleine Ort wird als Sommerfrische und zum Wintersport besucht. Eine Gondelbahn erschließt den schönen Aussichtspunkt *La Scia* (1782 m) im Osten des Ortes. Von dem Höhenrücken bietet sich ein Rundblick über die bewaldeten Gipfel des Chartreuse-Massivs; im Süden erkennt man das eigenwillig geformte Felshorn der *Chamechaude* (2082 m). Umfassender ist das Panorama vom *Grand Som* (2026 m).

⌂⌂ »Beau Site«. – ⌂ »Du Parc«. – ⛺.

Lohnend sind die kurzen Abstecher zu der etwa 2 km südlich von *St-Pierre-de-Chartreuse* gelegenen Kirche *St-Hugues* (bemerkenswerte moderne Ausstattung) und zum nahen *Belvédère des Sangles* (Zufahrt 4 km, kurzer Fußweg). Von dem prächtigen Aussichtspunkt hat man einen schönen Blick hinab in die *Gorges du Guiers Mort;* auf der gegenüberliegenden Talseite ist der ausgedehnte Gebäudekomplex des Klosters

Grande Chartreuse (960 m; nicht zugänglich) sichtbar. Es wurde 1084 vom heiligen Bruno (1035–1101) als Mutterkloster des Kartäuserordens gegründet, bereits 1132 durch einen Felssturz zerstört, anschließend neu aufgebaut und 1792 bzw. 1903 zweimal für mehrere Jahre aufgehoben.

Seit 1941 leben die Mönche wieder in der größtenteils aus dem 17. Jh. stammenden Anlage. Empfehlenswert ist ein Besuch der *»Correrie«* (849 m; 3 km von *St-Pierre*), die einst dem Dom-Courrier, dem Verwalter der Klostergüter, als Wohnsitz diente. Heute ist in dem Gebäude ein *Museum* eingerichtet, das ein gutes Bild vom Leben innerhalb der Klostermauern vermittelt. (◷ Ende März bis Allerheiligen täglich von 9.30–12, 14–18.30 Uhr.)

Mindestens ebenso bekannt wie das Kloster ist der Kräuterlikör gleichen Namens. Wer der »Erfinder« des *Chartreuse* war, läßt sich heute allerdings nicht mehr sagen; das wahrscheinlich aus dem 16. Jh. stammende Rezept gelangte 1737 in den Besitz des Klosters Grande Chartreuse. Die genaue Zusammensetzung (130 Kräuter!) und der Herstellungsprozeß sind nach wie vor streng gehütete Geheimnisse der Mönche, obwohl der Chartreuse-Likör seit 1860 nicht mehr im Kloster, sondern in Voiron (25 km westlich) hergestellt wird.

Die Destillerie und der 164 m lange Reifekeller (der größte Likörkeller der Welt) können besichtigt werden. Führungen in der Destillerie von Voiron (täglich von Ostern bis Ende Oktober, im Winter nur Mo bis Fr).

Wer schmale und kurvenreiche Bergstrecken nicht scheut, kann über den *Col du Coq* (1450 m) hinab zum Plateau des Petites Roches und ins Graisivaudan fahren (vgl. S. 29). Der Abstecher bietet hübsche Ausblicke auf den Gipfelkranz um St-Pierre-de-Chartreuse und die Chaîne de Belledonne; er gewinnt allerdings noch an Interesse, wenn man ihn mit einer Besteigung der *Dent de Crolles* (2062 m) verbindet. Von der gegen das Isèretal vorgeschobenen Felskanzel genießt man ein großartiges Panorama (2 ½ Std. ab Col du Coq über den Col des Ayes; markierter Pfad).

Die D 512 gewinnt hinter *St-Pierre* erneut an Höhe. Man hat einige wunderschöne Ausblicke auf die *Chamechaude* (2082 m), den höchsten Gipfel der Chartreuse. Am

Col de Porte (1326 m), 162 km, zweigt rechts eine 4,5 km lange Bergstraße (Steigungen bis 14 %) ab. Vom Endpunkt (1654 m; Aussicht!) verläuft ein guter Weg zum Gipfel des *Charmant-Som* (1867 m) hinauf (½ Std., Orientierungstafel).

Auf der Hauptstraße folgt nach einer Gefällestrecke *Le Sappey-en-Chartreuse* (1015 m). Der hübsche Ort ist Ausgangspunkt eines Serpentinensträßchens (4 km), das zum exponiert gelegenen *Fort du St-Eynard* (1362 m) hinaufsteigt (einzigartiger Blick auf Grenoble).

Die D 512 überquert am *Col de Vence* (781 m) eine unausgeprägte Wasserscheide und zieht dann – gleichfalls schöne Sicht bietend – hinab nach

***Grenoble** (214 m; 160 000 Einw.), 180 km (s. S. 26).

Genf (Genève) – Cluses – Bonneville – * St-Gervais-les-Bains – ** Chamonix (87 km)

Diese Reiseroute (Plan s. S. 37) entspricht der kürzesten und schnellsten Verbindung zwischen Genf (Genève) und der Montblancregion. Seit der Eröffnung des 11,6 km langen Montblanctunnels ist sie zugleich identisch mit der Westzufahrt des Alpenübergangs, dessen Ausgangspunkte in den Tälern der Arve und der Dora Baltea liegen (Genf–Aosta 145 km). Parallel zur Route Nationale 205 verläuft die moderne Autoroute Blanche (B 41).

Im Bannkreis des *** Montblanc liegen die bedeutendsten Urlaubsorte Hochsavoyens: Megève, St-Gervais und Chamonix. Entsprechend vorzügliche touristische Einrichtungen stehen dem Gast zur Verfügung, der hier zudem traditionsreiche Fremdenverkehrsplätze vorfindet, die in Jahrzehnten allmählich gewachsen sind und nicht nur Glas und Beton, sondern auch Atmosphäre zu bieten haben. Eine Ausnahme bildet die Skistation Flaine südöstlich von Cluses.

Hauptanziehungspunkt der Region ist natürlich das *** *Montblancmassiv* mit dem höchsten Berg Europas, dessen gewaltige Eiskuppe man – an klaren Schönwettertagen – von Genf aus bewundern kann. Vor allem für Alpinisten und Skiläufer bildet das stark vergletscherte Hochgebirge im Dreiländereck Frankreich-Italien-Schweiz ein echtes Dorado, das kaum Wünsche offenläßt. Zahlreiche Bergbahnen, die zum Teil in extreme Höhen führen (*Aiguille du Midi,* 3842 m), vermitteln bequem einen Eindruck von der eis- und felsstarrenden Urlandschaft um den höchsten Gipfel der Alpen. Ein unvergleichlich schönes Landschaftserlebnis bietet die Umwanderung des gesamten Massivs auf markierten Wegen.

Man verläßt Genf (Genève) durch den Vorort Chêne-Bourg. Nach 4 km folgt die schweizerisch-französische Grenze und gleich darauf

Annemasse (433 m; 27 000 Einw.), 7 km, das sich am rechten Ufer der Arve zwischen den Höhenzügen des Salève im Südwesten und der Voirons im Nordosten ausbreitet. Von touristischem Interesse ist die 7 km lange Bergstraße, die an der Ostflanke der *Voirons* hinaufzieht. Den Ausgangspunkt am *Col de Saxel* (944 m) erreicht man über Bonne und Boëge (22 km); vom Endpunkt besteigt man zu Fuß in wenigen Minuten den *Grand Signal* (1480 m) mit prächtigem Panoramablick: Genfer See, Jura, Waadtländer Alpen, Montblanc, Aravis, Chablais.

Hinter Annemasse geht es auf der N 205 im breiten Talbecken der Arve weiter. Beim kleinen Flecken *Findrol* (17 km) kreuzt man die Hauptstraße Thonon–Annecy, an der 9 km weiter südlich das altertümliche Städtchen

La Rouche-sur-Foron (547 m; 7000 Einw.) liegt. Sein kleiner, aber malerischer Ortskern breitet sich am Fuße eines mächtigen, seit dem 11. Jh. befestigten erratischen Blocks *(La Roche)* aus. Unter den erhaltenen historischen Bauten sind die ursprünglich aus dem 12. Jh. stammende, später mehrfach umgebaute Kirche, zwei Stadttore, das *Château de Saix* (12. Jh.) und einige alte Wohnhäuser hervorzuheben.

Auf der Weiterfahrt nach Chamonix kommt man durch die kleine Ortschaft *Contamine-sur-Arve* (Kirche 14. Jh.). Kurz vor Bonneville zweigt links in spitzem Winkel eine Nebenstraße (D 12) ab, die über das hübsch gelegene *Faucigny* (Schloßruine aus dem 10. Jh.) nach *Peillonnex* (8 km) führt. Kunstgeschichtlich Interessierte werden diesen Abstecher unternehmen, um die alte Pfarrkirche des Dorfes, ein Bauwerk aus dem 12. Jahrhundert (wertvolle Ausstattung), zu besichtigen.

An der Hauptstraße folgt

Bonneville (450 m; 8000 Einw.), 28 km, der 1262 gegründete Hauptort des *Faucigny.* Das hübsche alte Städtchen mit seinem arkadengeschmückten Marktplatz wird beherrscht von den beiden mächtigen Rundtürmen der Burg, die Béatrice von Faucigny, eine Tochter des Gründers Peter von Savoyen, um 1296 errichten ließ. Ein Denkmal an der Arve erinnert an König Charles-Félix, der diesen wilden Bergfluß kanalisieren ließ (1825).

Südlich führt eine Straße durch das teilweise zu malerischen Schluchten verengte Tal der Borne aufwärts nach *La Clusaz* (23 km; vgl. S. 22).

🛈 Syndicat d'Initiative, Rue Ducarroz,
F-74130 Bonneville.
⛺ »Central-Camping«.

Zur Fortsetzung der Fahrt bietet sich neben der schnellen, in einer Geraden verlaufenden N 205 eine landschaftlich reizvollere Variante (Mehrdistanz 8 km) an. Die Bergstrecke (D186) verläuft südlich der Hauptstraße über Brison und den kleinen Kurort Mont-Saxonnex (997 m).

Cluses (485 m; 16 000 Einw.), 43 km, am rechten Ufer der Arve gelegen, ist ein kleines Industriestädtchen (Feinmechanik). Sein Name leitet sich von der nahen Arveschlucht (cluse = Engpaß) ab, dem eigentlichen »Tor zur Montblanc-Region«. Die ehemalige *Franziskanerkirche* (15. Jh.) bewahrt ein Weihwasserbecken mit fein gearbeitetem steinernem Kruzifix (um 1520). Empfehlenswert ist ein Abstecher zum alten Kartäuserkloster von *Reposoir* (1151 gegründet, Kirche aus dem 17. Jh.), der sich in eine kleine Rundfahrt einbeziehen läßt. Cluses–Romme–Le Reposoir–Cluses 27 km. Von Le Reposoir kann man auf einer guten Bergstraße über den *Col de la Colombière* (1613 m) nach La Clusaz (21 km; s. S. 22) weiterfahren. In etwa 3 Std. besteigt man vom Paß aus die *Pointe Blanche* (2437 m), einen bekannten Aussichtsgipfel mit Prachtblick hinüber zum Montblanc.

Hinter Cluses verengt sich das Tal der Arve zu einer bewaldeten Schlucht. An ihrem Ausgang, beim Weiler *Balme* (47 km), zweigt links eine Nebenstraße (D 6) ab, die sich in Serpentinen zur Mittelgebirgsstraße von *Arâches* (958 m) hinaufwindet. Sie setzt sich über *Les Carroz d'Arâches* (1140 m; Skigebiet) fort und endet schließlich in *Flaine* (1650 m; 24 km), einem neuen, systematisch aufgebauten Wintersportzentrum. Der Hotelort ist u. a. Ausgangspunkt der Schwebebahn zu den *Grandes Platières* (2480 m; großartiger Blick auf den Montblanc).

Hauptstraße und Bahnlinie setzen sich im Tal der Arve südwärts fort. Man durchfährt *Magland* (513 m) und überquert beim Weiler *Oëx* (54 km) den Gebirgsfluß. Am gegenüberliegenden Hang wird der 260 m hohe Wassersturz der *Cascade d'Arpenaz* sichtbar. Kurz darauf bietet sich ein erster Blick auf den Montblanc; dann ist

Sallanches (554 m; 8500 Einw.), 59 km, erreicht. Das alte Städtchen liegt in prächtiger Bergumgebung am linken Ufer der Arve. Die 1840 erbaute Kirche besitzt eine bemerkenswerte Ausstattung, darunter ein gotischer *Tabernakel.* – Lohnend ist der kurze Abstecher nach *Cordon* (871 m; 5 km; prächtige Aussicht über das Tal der Arve).

ⓘ Office de Tourisme, F-74700 Sallanches.

Notre-Dame-de-Toute-Grâce

Noch eindrucksvollere Ausblicke auf das fels- und eisstarrende Montblancmassiv genießt man vom *Plateau d'Assy* (1000–1500 m), einer bewaldeten, in mehreren Stufen zum Talbecken von Sallanches abfallenden Mittelgebirgsterrasse. Der Abstecher in das Erholungsgebiet von *Assy* (mehrere Sanatorien) läßt sich in eine prächtige, 34 km lange Rundfahrt einbeziehen. Als besondere Sehenswürdigkeit ist die 1950 geweihte Kirche **Notre-Dame-de-Toute-Grâce,* ein eigenwilliger, vom Architekten Novarina aus Thonon geschaffener Bau, hervorzuheben. An der künstlerischen Ausgestaltung der Kirche wirkten u. a. Léger, Chagall, Braque und Matisse mit.

Sallanches – Passy – Assy – Lac Vert – Passy – Sallanches 34 km.

Auf der N 205 fährt man im Tal der Arve über *Domancy* (563 m) weiter nach

Le Fayet (589 m; 66 km), das zusammen mit dem höhergelegenen

*** St-Gervais-les-Bains** (807 m; 5100 Einwohner) ein vielbesuchtes Kur- und Erholungsgebiet bildet. Der langgestreckte, an der Mündung des Val Montjoie ansteigende Doppelort gilt auch als erstklassiger Wintersportplatz. Seine alkalische Schwefeltherme (40 °C) findet vor allem bei Erkrankungen der Haut und der Atemwege therapeutische Anwendung.

Ein besonders lohnendes Ausflugsziel in der Umgebung von St-Gervais ist der **Mont d'Arbois*

(1827 m). Der Gipfel ist bequem mit einer Schwebebahn zu erreichen. Großartige Einblikke in die Hochgebirgswelt um das »Dach Europas« vermittelt eine Fahrt mit dem »Tramway du Montblanc«, einer 12,8 km langen Zahnradbahn von *Le Fayet* über den Col de Voza (1653 m) zum *Nid d'Aigle* (Bergstation 2386 m). – Dieser Abstecher läßt sich mit einem Besuch des *Prarion* verbinden. Ein Sessellift führt von der Zwischenstation der Zahnradbahn am Col de Voza zu dem 1967 m hohen Aussichtspunkt hinauf.

Empfehlenswert ist weiter ein Ausflug in das gegen Süden ansteigende, landschaftlich sehr reizvolle * *Val Montjoie* (über Les Contamines bis zur Kapelle Notre-Dame de la Gorge 13 km).

🛈 Office de Tourisme, Avenue du Mont-Paccard, F-74170 St-Gervais-les-Bains.

Hinter Le Fayet verengt sich das Flußtal. Man passiert auf der autobahnähnlichen N 205 einen Tunnel (links liegt *Servoz,* 815 m; Museum der alpinen Fauna, Ausgangspunkt für den lohnenden Besuch der Gorges de la Diosaz) und erreicht

Les Houches (1008 m; 1500 Einw.), 77 km, ein hübsches Dorf, das sowohl im Winter als auch im Sommer von Urlaubern aufgesucht wird (Seilbahn auf den Prarion, 1967 m). Im nunmehr sich öffnenden Hochtal geht es weiter (rechts Zufahrt zum Montblanc-Tunnel) nach

**** Chamonix-Montblanc** (1037 m; 9000 Einw.), 87 km. Das langgestreckte, aus mehreren Ortsteilen bestehende Bergdorf zählt zu den großen Fremdenverkehrszentren des Alpenraumes und wird im Sommer und im Winter gleichermaßen besucht. Seine Entstehungsgeschichte ist eng mit jener der Bezwingung des Montblanc verbunden. Um die Mitte des 18. Jhs. »entdeckten« die beiden Engländer Windham und Pococke das Hochtal der Arve, 1786 erreichten der Dorfarzt Dr. Paccard und J. Balmat mit Trägern den höchsten Gipfel Europas, und 1787 erfolgte die erste wissenschaftliche Besteigung des Montblanc durch den Genfer Naturforscher Saussure. Ein Denkmal an der Arve erinnert an diese alpinistische Großtat. Reiches Dokumentationsmaterial ist im *Musée Alpin* zu besichtigen. (Weihnachten bis Ostern täglich 15–19 Uhr, Juni bis September 14–19 Uhr.)

Chamonix bietet im Sommer viele Möglichkeiten zu sportlicher Betätigung – vom beschaulichen Wandern bis zur extremen Kletterei in den Felsabstürzen der Viertausender. Ein Netz moderner Bergbahnen erschließt mehrere besonders lohnende Aussichtspunkte.

Den besten Überblick genießt man vom * *Brévent* (2524 m), der sich als südlichster Gipfel der Aiguilles Rouges gegenüber der Montblancgruppe erhebt.

Ganz außergewöhnliche Eindrücke von der eisstarrenden Hochgebirgslandschaft vermittelt die Fahrt mit Europas zweithöchster Bergbahn, die von Chamonix über Plan d'Aiguille (2310 m) zur 3842 m hohen * *Aiguille du Midi* hinaufführt. Dabei überwinden die je 70 Personen fassenden Kabinen einen Höhenunterschied von 2800 m in nur 15 Minuten. Der Téléférique de l'Aiguille du Midi ist Teil der einzigartigen Seilbahnkette, die Chamonix mit dem obersten Aostatal (Courmayeur) verbindet. Diese insgesamt 16 km lange Anlage erlaubt eine Überquerung des Montblancmassivs in knapp 2 Std.; sie ist von Frühling bis Herbst in Betrieb.

Klassisches Ausflugsziel in der näheren Umgebung von Chamonix ist * *Le Montenvers* (1909 m), eine Alm oberhalb des Mer de Glace, die auch Goethe bei seiner Schweizer Reise 1779 besuchte. Er zeigte sich von einem gewaltigen Eisstrom und der wilden Felskulisse sehr beeindruckt. Damals ging man noch zu Fuß oder ließ sich in die Höhe tragen; heute benützen die meisten Besucher die kleine Zahnradbahn.

🛈 Office de Tourisme, Place du Triangle de l'Amitié, F-74400 Chamonix-Mont-Blanc.

Hochgebirgslandschaft am Montblanc

Route 3

Genf (Genève) – * Thonon-les-Bains – Cluses – * Megève – Albertville (152 km)

3

Diese Reiseroute (Karte s. S. 37) entspricht im wesentlichen dem nördlichen Abschnitt der berühmten »Route des Grandes Alpes«, die Thonon-les-Bains mit Nizza (Nice) verbindet. Im Zuge dieser einzigartigen Strecke, die zwischen dem Südufer des Genfer Sees (Lac Léman) und der Côte d'Azur 624 km mißt, sind zehn Paßhöhen, von denen sechs über der 2000-m-Marke liegen, zu überwinden.

Mit dem Bau der *Route des Grandes Alpes* wurde 1912 auf Initiative des Touring-Club de France begonnen. Die französische Hochalpenroute bezieht allerdings auch ältere Streckenabschnitte ein; sie ist zur Zeit bis auf ein rund 30 km langes Teilstück am Col du Bonhomme vollendet. Landschaftlich bietet eine Fahrt auf der großen französischen Alpenstraße ein Höchstmaß an vielfältigen Eindrücken. Als Mindestzeitaufwand sind drei Tage anzusetzen. Wer sich aber mehr Zeit lassen will, kann diesen oder jenen lohnenden Abstecher in sein Programm einbeziehen (für Wohnwagengespanne vollkommen ungeeignet; vgl. auch Route 4 und 10).

Die landschaftlich sehr abwechslungsreiche Route 3 verläuft vom Südufer des Genfer Sees (Lac Léman) quer durch die Voralpenlandschaft des Chablais ins Tal der Arve und über die Wasserscheide von Megève weiter zur Isère. Sie ist recht gut ausgebaut und auch in den Wintermonaten zu befahren.

Das *Chablais, zwischen dem Südufer des **Genfer Sees (Lac Léman) und dem Tal des Giffre gelegen, ist eine freundliche Mittelgebirgslandschaft mit ausgedehnten Wäldern und Almen.

Eine Kuriosität am Rande: Dank ihres milden Klimas und der südländischen Vegetation – hier gedeihen Reben und Kastanien – hat die Uferregion mit den bekannten Kurorten Thonon und Evian den Beinamen »Midi de la Savoie« (Süden Savoyens) erhalten. Alpin gibt sich dagegen das Hinterland (Haut-Chablais), das in vier Täler gegliedert ist und in den Hautforts (2464 m) seine höchste Erhebung hat. Touristischer Mittelpunkt ist hier *Morzine-Avoriaz*, ein renommierter Wintersportort, der mit seinen schönen Wandermöglichkeiten auch im Sommer reizvoll ist.

Ausgangspunkt dieser Reiseroute ist Genf (Genève). Man verläßt das Stadtgebiet durch den Quai Gustave Ador. Im Villenvorort *Vésenaz* (6 km) bieten sich zwei Möglichkeiten zur Fortsetzung der Fahrt: die über *Douvaine* (429 m) führende Hauptstraße und die schönere, um 8 km längere Variante über *Hermance* und **Yvoire*, das mit seinem vollständig erhalten Mauergürtel (14. Jh.) und den zahlreichen alten Häusern zu den schönsten Ortschaften am Genfer See (Lac Léman) gehört (*Vivarium* mit 50 verschiedenen Reptilienarten; ◷ Mai bis Oktober). In *Sciez* (23 km) treffen die beiden Routen wieder zusammen.

***Thonon-les-Bains** (426 m; 28 000 Einwohner), 33 km. Die historische Hauptstadt des Chablais ist heute ein bedeutender Kur- und Erholungsort am Südufer des Genfer Sees (Lac Léman). Seine kohlesauren Quellen finden bei verschiedenen Erkrankungen (u. a. Herzleiden, Zirkulationsstörungen, Nieren- und Blasenleiden, Diabetes) Anwendung.

Mittelpunkt von Thonon ist die *Place du Château*, von der man einen prächtigen Ausblick auf den Genfer See, sein Nordufer und die Höhenzüge des Jura hat. Eine Standseilbahn (Funiculaire) führt hinunter zur Seepromenade und zum Hafen. Das Schloß von *Rives* mit seinem mächtigen Turm (13. Jh.) war einst eine Residenz der Mönche vom Großen St. Bernhard. Ganz in der Nähe steht der efeuumrankte »Zungenturm« (Tour des Langues).

Die beiden gepflegten Parks, der *Jardin Anthoinoz* und der *Jardin Anglais,* schließen sich im Nordosten an den Schloßplatz an. Im letzteren liegt die von Novarina erbaute Maison des Arts et Loisirs (Kulturzentrum). Am Südende des Platzes, den einst das 1589 zerstörte Schloß der Grafen von Savoyen einnahm, stehen die neugotische Basilika *St-François* und daneben die aus dem 16./17. Jh. stammende Kirche *St-Hippolyte* (Krypta 12. Jh.; qualitätvolle Ausstattung). – Im kleinen *Château de Sonnaz* (17. Jh.) neben dem Rathaus ist das *Heimatmuseum des Chablais* eingerichtet.

(◷ Anfang Juli bis Mitte September täglich außer So 10–12, 15–18 Uhr.)

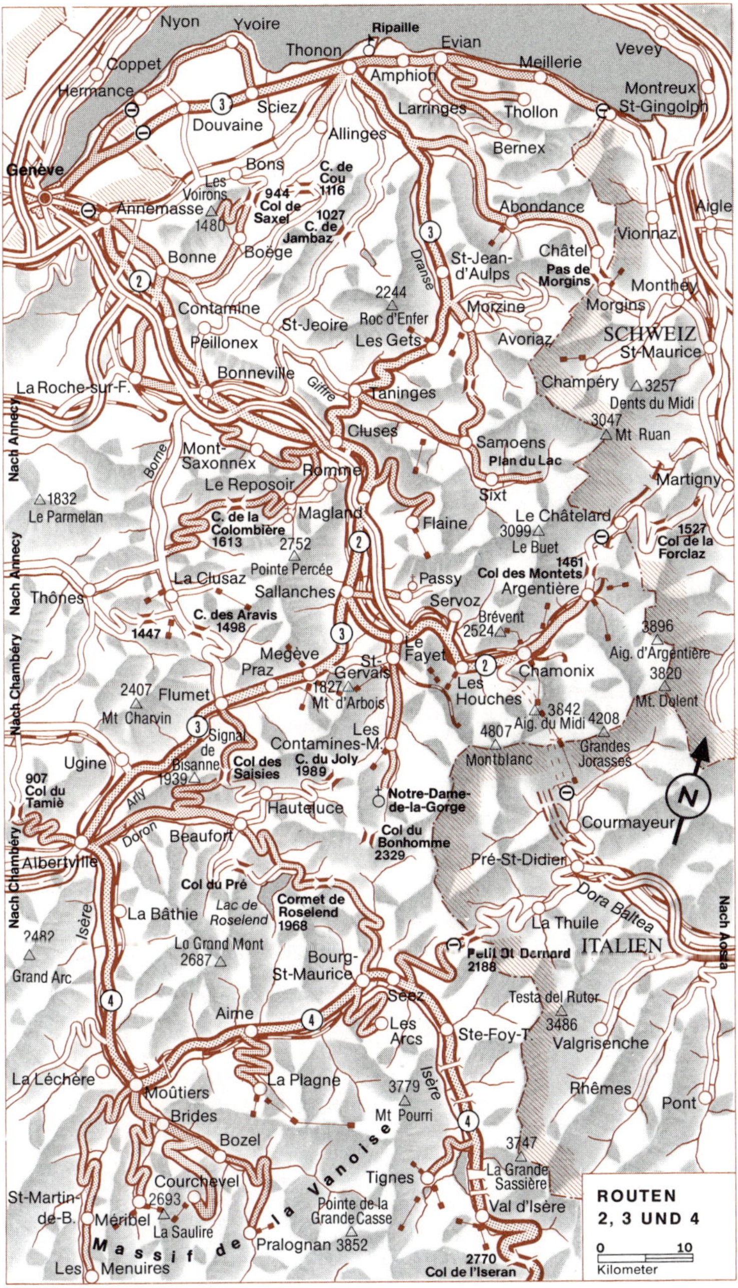

Nyon
Yvoire
Ripaille
Thonon
Evian
Vevey
Coppet
Amphion
Meillerie
Montreux
Hermance
Sciez
Larringes
Thollon
St-Gingolph
Douvaine
Allinges
Bernex
Genève
Bons
C. de Cou 1116
Les Voirons
944 Col de Saxel
Annemasse
1480
1027 C. de Jambaz
Abondance
Aigle
Vionnaz
Bonne
Boëge
St-Jean-d'Aulps
Châtel
Pas de Morgins
Dranse
2244 Roc d'Enfer
Monthey
Morgins
Contamine
St-Jeoire
Morzine
Peillonex
Les Gets
Avoriaz
SCHWEIZ
St-Maurice
Bonneville
Giffre
La Roche-sur-F.
Taninges
Champéry
3257 Dents du Midi
3047 Mt Ruan
Cluses
Nach Annecy
Borne
Mont-Saxonnex
Samoens
Plan du Lac
Romme
Le Reposoir
Sixt
Martigny
1832 Le Parmelan
C. de la Colombière 1613
Magland
Flaine
Le Châtelard
3099 Le Buet
1527 Col de la Forclaz
2752 Pointe Percée
La Clusaz
Passy
1461 Col des Montets
Argentière
Thônes
Sallanches
Servoz
C. des Aravis 1498
1447
Brévent 2524
3896 Aig. d'Argentière
Nach Chambéry
Megève
Le Fayet
Praz
St-Gervais
Chamonix
3820 Mt. Dolent
2407 Mt Charvin
Flumet
1827 Mt d'Arbois
Les Houches
3842 Aig. du Midi
4208 Grandes Jorasses
Signal de Bisanne 1939
Les Contamines-M.
4807 Montblanc
Ugine
Col des Saisies
C. du Joly 1989
907 Col du Tamié
Arly
Hauteluce
Notre-Dame-de-la-Gorge
N
Courmayeur
Beaufort
Doron
Col du Bonhomme 2329
Albertville
Pré-St-Didier
Col du Pré
Lac de Roselend
Cormet de Roselend 1968
Dora Baltea
Nach Aosta
La Bâthie
Isère
La Thuile
2482 Grand Arc
Le Grand Mont 2687
ITALIEN
Petit St Bernard 2188
Bourg-St-Maurice
Seez
Testa del Rutor 3486
Aime
Les Arcs
Ste-Foy-T.
Valgrisenche
La Léchère
La Plagne
Moûtiers
3779 Mt Pourri
Rhêmes
Pont
Brides
Bozel
3747 La Grande Sassière
Courchevel
Tignes
St-Martin-de-B.
2693 La Saulire
Méribel
Pointe de la Grande Casse 3852
Val d'Isère
Massif de la Vanoise
Pralognan
Les Menuires
2770 Col de l'Iseran
ROUTEN 2, 3 UND 4
0 10
Kilometer

Direkt am See (Nähe Seilbahnstation) entdeckt man das neue *Eco-Musée de la Pêche,* das die Fischerei und ihre Geschichte am Lac Léman in vielen Exponaten anschaulich dokumentiert.

(🕓 Juli bis September täglich außer Di 10–12, 15–19 Uhr.)

ⓘ Office de Tourisme, Place du Marché,
F–74200 Thonon-les-Bains.

Sehr zu empfehlen ist ein Besuch von Schloß *Ripaille* (15. Jh.), das rund 2 km nördlich von Thonon in einem schönen Park liegt (Arboretum, lohnender Spaziergang). Hier lebte der savoyische Herzog Amédée VIII vor seiner Wahl zum Papst als Einsiedler (s. S. 23).

Das Château de Ripaille ist geöffnet:
April, Mai, Juni und September täglich 10–12, 14–18 Uhr, Juli/August bis 19 Uhr, Oktober bis Mitte November bis 16 Uhr (Führungen).

Ebenfalls recht lohnend ist ein Abstecher nach *Allinges* (538 m; 7,5 km), das von den Ruinen zweier stattlicher Schlösser beherrscht wird.

Rund 10 km östlich von Thonon liegt

Evian-les-Bains (374 m; 6500 Einw.) Der berühmte Kur- und Erholungsort, touristischer Mittelpunkt am französischen Südufer des Genfer Sees (Lac Léman), verdankt seinen Weltruf den alkalischen Heilquellen (Trinkkuren, Bäder, Duschen, Massagen; Tafelwasser), der landschaftlich und klimatisch bevorzugten Lage, den zahlreichen Ausflugszielen im Hinterland und dem vorzüglich organisierten Gastgewerbe.

Am breiten Quai Baron de Blonay liegen das 1901 erbaute *Etablissement Thermal* und das bekannte *Casino* mit seiner mächtigen, in byzantinischem Stil gehaltenen Kuppel. Wenige Schritte westlich davon erhebt sich die ursprünglich gotische Kirche (im 19. Jh. erneuert).

Prächtige Ausblicke auf den Genfer See und seine nördliche Bergumrahmung (Jura, Waadtländer Alpen) vermittelt ein kleiner Abstecher auf guter Straße – vorbei an der Kapelle von *Maraîche* (12. Jh.) – in Richtung *Vinzier* (besonders schöner Panoramapunkt beim Carrefour de l'X, 620 m).

ⓘ Office de Tourisme; Place d'Allinges,
F-74500 Evian-les-Bains.

Evian ist Ausgangspunkt einer lohnenden, 35 km langen Rundfahrt mit Unterbrechungen in *Larringes* (792 m; mit einem sehenswerten Schloß), *Vinzier* (918 m), dem kleinen Sommerferienort *Bernex* (945 m) und dem *Lac de la Beunaz* (990 m). Unter den zahlreichen schönen Ausblicken, die diese abwechslungsreiche Strecke bereithält, ist jener vom *Château de Larringes* (Blick auf den Montblanc) besonders hervorzuheben.

Weitere, gern besuchte Ferienorte am französischen Südufer des Genfer Sees (Lac Léman) sind: *Amphion-les-Bains* und das malerische Fischerdorf *Meillerie.*

Thonon-les-Bains bildet den nördlichen Ausgangspunkt der berühmten »Route des Grandes Alpes«. Die als D 902 bezeichnete Straße führt am Ortsausgang in das Tal der Dranse, das sich bald zu einer sehr schönen Waldschlucht verengt. Bei der Häusergruppe *Bioge* (528 m) mündet von Osten das Tal der Dranse d'Abondance ein. Hier zweigt die recht gut ausgebaute D 22 ab, die über den aufstrebenden Ferienort *Abondance* (930 m) und den Wintersportplatz *Châtel* (1253 m) zur schweizerischen Grenze (31 km) führt. Kunsthistorisch Interessierten sei auf dieser Route zumindest ein Abstecher nach Abondance empfohlen, dessen 1128 gegründete *Abtei* (mit einer Kirche aus dem 13. Jh.) einen prächtigen gotischen *Kreuzgang (1331–1356; Fresken) besitzt. Hier befindet sich auch ein kleines Museum.

Die Ruinen der ehemaligen Klosterkirche von St-Jean-d'Aulps

Die D 902 setzt sich im Engtal der Dranse de Morzine fort. Beim Flecken *Le Jotty* (48 km) empfiehlt sich eine kurze Unterbrechung der Fahrt, um einen Blick auf die Naturbrücke *Gorges du Pont du Diable* werfen zu können.

Anschließend geht es über *La Baume* und *St-Jean-d'Aulps* (am Ortseingang Ruinen einer 1094 gegründeten Zisterzienserabtei) weiter. Etwas abseits der »Route des Grandes Alpes« liegt

Morzine (960 m; 2700 Einw.), das zusammen mit *Montriond* (940 m) und der Hotelsiedlung *Avoriaz* (1800 m) eine vielbesuchte Urlaubsregion bildet. Einen besonders schönen Blick über die Berge des Chablais hat man vom Aussichtspunkt *Le Pléney* (1546 m; Seilschwebebahn).

Gleichfalls sehr schöne Landschaftseindrücke vermittelt die 28 km lange, über den *Col de la Joux Verte* (1760 m) und den malerischen *Lac de Montriond* verlaufende Rundstrecke; nur 2 km südöstlich des Joux-Verte-Passes liegt das Skigebiet *Avoriaz* (1800 m; Zufahrt).

ℹ Office de Tourisme; F-74110 Morzine.

Zwischen Morzine und dem Tal des Giffre (Samoëns; 714 m) bietet sich als Alternative zur D 902 die landschaftlich lohnendere Paßroute über den *Col de Ranfolly* (1650 m) an (20 km). Vom Scheitelpunkt hat man bei schönem Wetter eine herrliche Aussicht auf das Chablais, das Faucigny und den Montblanc.

An der Großen Alpenstraße folgt

Les Gets (1163 m), 70 km, ein hübsch auf der Wasserscheide zwischen Dranse und Giffre gelegener Wintersportplatz (Musikautomaten-Museum; ◷ Weihnachten bis Ostern, Juni bis September täglich 15–19 Uhr).

Auf der »Route des Grandes Alpes« geht es anschließend hinab nach

Taninges (640 m; 2500 Einw.), 82 km, das wegen seiner günstigen Lage viel von Ausflüglern besucht wird. Kunsthistorisches Interesse verdient das südöstlich des Ortes gelegene ehemalige Kartäuserkloster *Mélan* (bemerkenswerter Kreuzgang, 16. Jh.). Ein lohnender Abstecher führt nördlich nach *Le Praz-de-Lys* (1500 m; 13 km). Von dem kleinen, hübsch gelegenen Ferienort aus besteigt man in 2 Std. auf einem markierten Weg die *Pointe de Marcelly* (2002 m); vom Gipfel hat man eine prächtige Aussicht auf das Faucigny und den Montblanc.

Von Taninges aus sollte man auf jeden Fall einen Abstecher zum *Plan du Lac* (24 km) am Fuß des Cirque du Fer à Cheval machen. Die gute ausgebaute D 907 führt über *Samoëns* (714 m) und *Sixt* (765 m), zwei aufstrebende Fremdenverkehrsorte, hinauf bis zu dem einzigartigen, von gewaltigen Felswänden gebildeten Talkessel. Mit seinen zahlreichen, über schroffe Kalkwände abstürzenden Wasserfällen bildet der *Cirque du Fer à Cheval* einen der markantesten Punkte in den Französischen Alpen.

Weitere Sehenswürdigkeiten an der Straße sind die hübsche *Kirche* (16. Jh.; davor eine Linde von 1438) und der Alpengarten »*La Jaysinia*« in Samoëns sowie die ehemalige Abtei in *Sixt* (heute teilweise Hotel; Kirche aus dem 13. Jh.).

Die »Route des Grandes Alpes« steigt nach Taninges zum *Col de Châtillon* (738 m) an und senkt sich anschließend ins Tal der Arve, dem man von *Cluses* (92 km) aufwärts bis nach *Sallanches* (108 km) folgt. Hier biegt man auf die N 212 ein, die sich an einem sanft geneigten Hang bergan zieht.

Über *Combloux* (986 m; 🏨 »Les Aravis«; »Edelweiss«) und die Einmündung der von *St-Gervais* (s. Route 2) heraufkommenden D 909 erreicht man den bekannten, auf einem weiten Wiesensattel gelegenen Luftkurort und Wintersportplatz

Megève (1113 m; 5400 Einw.), 121 km. Die gepflegte savoyische Fremdenverkehrsmetropole verfügt über viele Seilbahnen und Lifts. Am lohnendsten ist ein Fahrt auf den *Mont d'Arbois* (1827 m, schöne Aussicht). Als weitere Aussichtspunkte sind die *Croix de Salles* (1705 m; Gondelbahn bis Jaillet), der *Rochebrune* (1754 m; Seilbahn) und der *Mont Joly* (2525 m; Fußweg vom Mont d'Arbois, 2 ½ Std.) zu nennen. – Heimatmuseum.

ℹ Office de Tourisme; Rue de la Poste, F-74120 Megève.

Die Straße schlängelt sich im Tal des Arly über *Praz-sur-Arly* (🏨 »Mont-Charvin«. – ⌂ »Le Val d'Arly«) leicht bergab nach

Flumet (917 m; 750 Einw.), 131 km. Der malerische Ort mit seinen typisch savoyischen alten Häusern liegt im Schnittpunkt touristisch wichtiger Straßen: Von Norden mündet hier die über den *Col des Aravis* (1498 m) nach *La Clusaz* führende D 909 ein (s. S. 22), während die

D 218 in südöstlicher Richtung über den Ferienort *Notre-Dame-de-Bellecombe* (1134 m) zum Col des Saisies (1633 m) ansteigt.

Letztgenannte Strecke bildet zusammen mit der Aussichtsstraße (D 112) zum *Signal de Bisanne* (1939 m; Fußweg von 15 Min. zum Gipfel) eine landschaftlich sehr schöne Zufahrt ins Beaufortin. Besonders hervorzuheben ist das herrliche Panorama, das man bei günstigen Sichtverhältnissen vom Signal de Bisanne hat. Flumet – Col des Saisies – Beaufort 33 km.

Das Tal des Arly verengt sich unterhalb von Flumet zu einer bewaldeten Schlucht. Die in diesem Abschnitt sehr kurvenreiche Straße überquert mehrfach den Fluß. Über Les Fontaines-d'Ugine, einen Ortsteil der Industriestadt *Ugine,* erreicht man

Albertville (345 m; 20 000 Einw.), 152 km, Austragungsort der Olympischen Winterspiele 1992. Hier fanden allerdings nur die Eislaufwettbewerbe statt; das neue Stadion steht im Westen der Stadt im Parc Olympique.

Die »nouvelle ville«, 1835 durch Vereinigung der beiden Siedlungen L'Hôpital und Conflans entstanden, bietet wenig Interessantes. Sehenswert ist dagegen der hochgelegene alte Ortsteil ****Conflans,* **der mit seiner teilweise erhaltenen Umfassungsmauer, den alten Stadttoren und Häuserzeilen ein überaus malerisches Bild bietet und als besterhaltene historische Stadtanlage Savoyens gilt (während der Sommersaison Führungen). Im Maison Rouge von 1397 ist ein kleines Heimatmuseum eingerichtet. Von der Place de la Grande Roche hat man einen prächtigen Blick in die** ***Combe de Savoie,*** **auf die Chartreuse-Berge und das Massif des Bauges.**

ⓘ Office de Tourisme, 11, rue Pargoud, F-73200 Albertville.

Von Albertville lohnt sich ein Abstecher zum westlich gelegenen *Col du Tamié* (907 m; 14 km; schöne Aussicht). Rund 2 km nördlich der Paßhöhe liegt links abseits die 1132 gegründete Abtei von *Tamié* (Kirche zugänglich). Die Fahrt zum Col du Tamié gewinnt besonderes Interesse in Verbindung mit der Besteigung der *Belle Étoile* (1841 m), eines großartigen Aussichtspunktes (Aufstieg ca. 3 Std.).

Am Stausee von Roselend

Vom Col du Tamié kann man auf einer kleinen Straße (D 201/D 64) über *Cléry* ins Isèretal zurückkehren. Sehenswert ist die * Kirche des ehemaligen Augustinerpriorats St-Jean-Baptiste, ein romanischer Bau aus dem 12. Jh.

Albertville ist ferner Ausgangspunkt der Straße in das Beaufortin, die sich talaufwärts zum großen Stausee von *Roselend* und weiter über den *Cormet de Roselend* (1968 m) nach *Bourg-St-Maurice* fortsetzt. Sie bildet eine landschaftlich sehr abwechslungsreiche Variante zur Tour durch die Tarentaise (siehe Route 4). Die bemerkenswertesten Punkte an dieser Bergstrecke sind: das hübsche Bergdorf *Beaufort-sur-Doron* (743 m), der Blick vom *Col de Méraillet* (1605 m) auf den Stausee von Roselend und die schöne Aussicht vom *Cormet de Roselend* auf die südlichen Ausläufer des Montblancmassivs. Albertville – Cormet de Roselend – Bourg-St-Maurice 60 km.

Zwischen Beaufort und dem Stausee von Roselend kann man auch über *Arêches* (1055 m) und den *Col du Pré* (1703 m) fahren. Die teilweise schmale und kurvenreiche Bergstrecke bietet gute Aussicht auf die Gipfelketten des Beaufortin; einen malerischen Akzent setzen die alten Bauernhöfe im Weiler Doudin.

Weit über die Grenzen Frankreichs hinaus bekannt geworden ist das Beaufortin durch seinen schmackhaften Käse, den *Beaufort.* Einblick in Herstellung und Lagerung vermittelt eine Besichtigung der großen Käserei in *Beaufort-sur-Doron.*

Albertville – ** Col de l'Iseran – ** Col du Galibier – * Briançon (242 km)

Diese Tour (Karte s. S. 37 und S. 49) ist die Fortsetzung der Route 3 in diesem Reiseführer und das eigentliche Kernstück der »Route des Grandes Alpes«. Der Verlauf dieses mittleren Abschnittes ist durch die Täler der Isère und des Arc weitgehend vorgezeichnet. Landschaftliche Höhepunkte bilden die beiden Paßübergänge am Galibier und am Iseran, wo die Route ihren höchsten Punkt (2764 m) erreicht.

Neben der Montblanc-Region ist die *Tarentaise heute ein weiteres wichtiges Gebiet des savoyischen Tourismus. Vor allem Wintersportler kommen hier voll auf ihre Kosten. Courchevel, Val-Thorens, La Plagne und Val d'Isère sind nur einige der zahlreichen Stationen, in denen »Ski total« gepflegt werden kann. Ein Bergsteigerort mit Tradition ist Pralognan-la-Vanoise; von Alpinisten und Naturfreunden gerne besucht wird auch die obere *Maurienne, eine weitgehend unversehrte hochalpine Parklandschaft mit großartigen Tourenmöglichkeiten.

Die zur Schnellstraße ausgebaute N 90 führt von Albertville (s. Route 3) im Isère-Tal aufwärts. Dabei bieten sich hübsche Ausblicke, und mehr als einmal tritt die Ruine einer alten Burg ins Blickfeld.

Moûtiers (479 m; 5000 Einw.), 26 km, ist der historische Hauptort der Tarentaise (»Darantasia«) und dank seiner Lage im Norden des Vanoise-Massivs ein vielbesuchtes Ausflugsziel. In der unmittelbaren Nachbarschaft liegen die beiden Heilbäder *Salins-les-Thermes* (492 m; 2 km; radioaktive Solequellen) und *Brides-les-Bains* (572 m; 6 km; magnesiumhaltige Chlor-Schwefelquelle). Mittelpunkt des kleinen Städtchens ist die Kathedrale *St-Pierre,* ein stattlicher, allerdings mehrfach veränderter Bau (Portal aus dem Jahre 1461) mit einer romanischen Krypta und bemerkenswerter Ausstattung (unter anderem ein prächtiger Bischofssitz aus dem 15. Jahrhundert; Kirchenschatz). Im alten Bischofspalast untergebracht ist das *Musée de Moûtiers* mit beachtlichen Sammlungen zur Geschichte der Tarantaise.

ℹ Office de Tourisme, Place St-Pierre,
F-73600 Moûtiers.

Moûtiers liegt an der Mündung der *Trois Vallées,* die aus dem Kerngebiet der **Vanoise* herabkommen. Dieses mächtige, stark vergletscherte Gebirgsmassiv, das in der *Pointe de la Grande Casse* (3852 m) seinen höchsten Gipfel hat und 1964 teilweise zum Naturschutzgebiet erklärt wurde *(Parc national de la Vanoise),* ist ein wahres Dorado für Skifahrer, Wanderer und Bergsteiger. In und über den *Trois Vallées* (drei Tälern) von *Courchevel, Méribel* und *Belleville* besteht heute ein rund 250 km² großes, zusammenhängendes Wintersportgebiet – ein gigantischer Skizirkus mit rund 150 Seilbahnen, Sessel- und Schleppliften. Bekanntestes Feriendorf und gleichzeitig älteste Skistation in der Vanoise ist

Courchevel (1850 m), das südöstlich von Moûtiers auf gut ausgebauter Straße (24 km) über St-Bon-Tarentaise und Le Praz (1300 m) zu erreichen ist. Eine Schwebebahn führt auf die Saulire (2693 m).

Etwas weniger städtisch als das benachbarte Courchevel gibt sich

Méribel-les-Allues (1600–1800 m; 18 km ab Moûtiers), dessen Architektur mehr Rücksicht auf die traditionelle bäuerliche Bauweise nimmt. – Erst in jüngster Zeit für den Skilauf »entdeckt« wurde das größte der Trois Vallées, jenes des *Doron de Belleville.* Eine breite Straße verläuft über St-Jean-de-Belleville nach *St-Martin-de-Belleville* (1450 m), dessen Kirche Notre-Dame-de-la-Vie sich mit ihren gedrungenen Formen vorzüglich ins Landschaftsbild einfügt und die angesichts der zweifelhaften architektonischen Leistungen in der Gegend ein Vorbild darstellt. Weiter taleinwärts liegen

Les Menuires (1700 m; 27 km von Moûtiers) und *Val-Thorens* (2320 m; 36 km), zwei »Retortensiedlungen« mit zahlreichen Aufstiegshilfen (Sommerskilauf am Glacier de Chavière).

ℹ Office de Tourisme in F-73120 Courchevel, F-73550 Méribel-les-Allues, F-73440 Les Menuires, F-73440 Val-Thorens.

Im Sommer sollte man die Trois Vallées meiden. Ihre am Reißbrett entstandenen Stationen wirken dann noch befremdender; der Naturfreund wird weder den durch Liftmasten verunzierten Hängen noch neuen Baustellen, die einen ungebrochenen Wachstumswahn der Touristikmanager signalisieren, viel Positives abgewinnen können. Einen wohltuenden Gegensatz bildet das alte Bergsteigerdorf *Pralognan-la-Vanoise* (1420 m; 28 km von Moûtiers); es ist bevorzugter Ausgangspunkt für zahlreiche herrliche Wanderungen und klassische Gipfeltouren in der Vanoise. Ganz bequem, mit dem Lift nämlich, erreicht man den *Mont Bocher* (2023 m); schöne Paßwanderungen führen zum Col de la Vanoise (2517 m) und zum Col de Chavière (2796 m); ein beliebtes Gipfelziel ist der *Petit Mont-Blanc* (2677 m; 3 ½ Std.), natürlich nicht so hoch wie der »richtige« Weiße Berg, aber mit großem Panorama.

🛈 Office de Tourisme, F-73710 Pralognan-la-Vanoise.

Die N 90 setzt sich im Tal der Isère fort.

Aime (690 m; 2500 Einw.), 40 km, ist ein kleiner Sommerferienort (🏨 »Du Cormet«). Hier lohnt sich eine Unterbrechung der Fahrt, um wenigstens einen Blick in die frühromanische Basilika St-Martin (11. Jh.) zu werfen. Sie gilt als eines der besterhaltenen Beispiele dieser Epoche auf savoyischem Boden mit prächtiger Krypta. Im Innern der Kirche sind Funde aus gallo-römischer Zeit aufgestellt; weitere römische Funde aus der Region können in der nahe gelegenen Kapelle St-Sigismond besichtigt werden (kleines Museum).

Die romanische Basilika von Aime

Aime ist Ausgangspunkt der Straße nach

La Plagne (1930–2150 m; 18 km). Der seit 1961 systematisch aufgebaute Wintersportplatz verfügt über modernste Einrichtungen; eine Gondelbahn erschließt den *Glacier de la Chiaupe* am Sommet de Bellecôte (3417 m) für den Skilauf. Im Sommer kann man auf guten Wegen von Aime-La Plagne (2150 m) aus einen der schönsten Aussichtsberge der Tarentaise, den *Mont Jovet* (2554 m), besteigen (zirka 2 Std.).

Bemerkenswerte Landschaftseindrücke vermittelt auch ein Abstecher in das malerische Hochtal von **Peisey-Nancroix*. Die D 87 (mit Ausgangspunkt östlich von Bellentre an der N 90) führt über *Peisey-Nancroix* (1298 m), den Hauptort mit einer schönen Kirche, *Nancroix* und *Les Lanches* ins Talinnere (Refuge de Rosuel, 1556 m; 14 km). Auf markierten Pfaden kann man zu den Hochpässen der nördlichen Vanoise aufsteigen: zum *Col de la Sachette* (2711 m), *Col du Palet* (2653 m) und *Col du Plan Séry* (2616 m). Ein herrlicher Aussichtsgipfel ist die *Pointe de Friolin* (2678 m), südwestlich über Peisey-Nancroix am Nordgrat des *Sommet de Bellecôte* (3417 m). Den schönsten Blick auf diesen mächtigen Dreitausender genießt man von der hochgelegenen Kapelle *Notre-Dame-des-Vernettes* (1805 m; Zufahrt von Plan-Peisey), in deren Nähe eine heilkräftige Quelle aus dem Berg sprudelt. Das 1721 erbaute Marienheiligtum ist alljährlich am 16. Juli Ziel einer Wallfahrt.

Die N 90 führt im breiten, fruchtbaren Tal der Isère aufwärts nach

Bourg-St-Maurice (840 m; 6700 Einw.), 53 km, wo nach Norden die Paßstraße über den Cormet de Roselend abzweigt (s. Route 3). Eine rund 15 km lange Bergstraße und eine Schwebebahn verbinden den Talort mit dem großräumigen Skigebiet von *Les Arcs* (1600–2000 m).

Im Ort verdient das *Mineralienmuseum* einen kurzen Besuch (🕓 Di – Sa 10–12, 14–19 Uhr; So, Mo 14–19 Uhr).

🛈 Office de Tourisme; Place de la Gare, F-73700 Bourg-St-Maurice.

Bourg-St-Maurice liegt am Fuß eines berühmten Alpenpasses, des **Kleinen St. Bernhard* (Col du Petit St-Bernard, 2188 m). Er wurde bereits in vorgeschichtlicher Zeit begangen, und nach der Eroberung der Tarentaise ließ ihn Kaiser Augustus zur römischen Heerstraße ausbauen. An diesen historischen Verkehrsweg erinnert die dem Gott Jupiter geweihte Säule auf der Paßhöhe.

Seinen heutigen Namen verdankt der Übergang dem heiligen Bernhard von Menthon (s. S. 6), der hier (wie auch am Großen St. Bernhard) ein Hospiz gründete. Die unter Napoleon angelegte, in vielen weiten Schleifen aus dem Isèretal heraufziehende Paßstraße gewährt prächtige Aussicht auf die Tarentaise und ihre Gebirgskulisse; besonders markant im Süden die Pyramide des *Mont Pourri* (3779 m). Auf der Paßhöhe (Alpengarten) wird der Blick zum Montblanc (4807 m) frei. Noch wesentlich umfassender ist das Panorama von der **Lancebranlette* (2928 m), einem herrlichen Aussichtspunkt über dem Paß (Fußweg 2 ½ Std.).

Bourg-St-Maurice – Séez – Col du Petit-St-Bernard 31 km.

Über den Kleinen St. Bernhard verläuft die französisch-italienische Grenze (Zoll); nach Pré-St-Didier 23 km, weiter durch den Montblanc-Straßentunnel nach Chamonix 30 km.

Das Tal der Isère zieht sich hinter *Séez* (kleines Tiermuseum) nach Südosten weiter. Die »Route des Grandes Alpes« (D 902) verläuft über *Ste-Foy-Tarentaise* (1051 m) talaufwärts. Nach einer längeren Hangstrecke erreicht man das Nordufer des *Lac du Chevril* (1790 m), der durch eine gewaltige, 180 m hohe Betonmauer aufgestaut wird. Hier zweigt rechts die 6 km lange Stichstraße zum Wintersportplatz

Tignes (2100 m) ab. Die moderne Hotelsiedlung liegt am gleichnamigen See; Seilbahnanlagen erschließen den Aussichtspunkt *La Tovière* (2695 m) und das Sommerskigebiet am *Glacier de la Grande Motte* (Bergstation 3409 m).

Die »Route des Grandes Alpes« setzt sich am steilen Ostufer des *Lac du Chevril* fort. Man durchfährt Tunnels und erreicht dann den in hochalpiner Umgebung gelegenen berühmten Fremdenort

***Val d'Isère** (1840 m; 1600 Einw.), 84 km, der im Winter ein Treffpunkt der Skienthusiasten ist und während der Sommermonate Bergwanderer anzieht. Zwei Seilschwebebahnen, deren gemeinsame Talstation sich südlich des Ortes befindet, führen bequem zu den beiden Aussichtspunkten *Tête de Solaise* (2551 m) und *Rocher de Bellevarde* (2826 m).

ℹ Office de Tourisme; Maison de Val d'Isère, F-73150 Val d'Isère.

In *Val d'Isère* beginnt die eigentliche Auffahrt zum Col de l'Iseran. Die 1935 eröffnete, vorzüglich trassierte Paßstraße überwindet den Höhenunterschied von rund 900 m in einer 16 km langen Rampe. Den schönsten Punkt an diesem Streckenabschnitt markiert das *Belvédère de la Tarentaise* (2528 m; Orientierungstafel). Am 2764 m hohen

**** Col de l'Iseran (100 km) ist die Wasserscheide zwischen Isère und Arc und gleichzeitig der höchste Punkt im Verlauf der »Route des Grandes Alpes« erreicht. Bei guter Fernsicht empfiehlt sich für Bergsteiger der kurze Aufstieg (40 Min.) zur *Pointe des Lessières* (3041 m), die unmittelbar westlich der Scheitelhöhe aufragt und sich durch ihr Gipfelpanorama auszeichnet. Passionierte Freunde des »Weißen Sports« finden am nahen *Pissaillas-Gletscher* ein schönes, gut erschlossenes Sommerskigebiet (Zufahrt, Lifte).**

Die D 902 verläuft vom *Col de l'Iseran* in längeren Hangstrecken und einigen Kehren (Gefälle bis 12 %) bergab ins oberste Arctal. Beim *Belvédère de la Maurienne* (2504 m; Orientierungstafel) bietet sich ein schöner Blick auf mehrere im Grenzverlauf zu Italien aufragende Gipfel.

Nach einer letzten langen Schleife ist schließlich in *Bonneval-sur-Arc* (1835 m) die Talsohle erreicht. Die »Route des Grandes Alpes« folgt nun dem Lauf des jungen Arc. Die **Haute-Maurienne* ist eine der schönsten Gebirgsregionen in den Französischen Alpen, eingebettet zwischen Gipfel und Gletscher der Grajischen Alpen (Levanna, 3615 m; Pointe du Charbonnel, 3750 m) und des Massif de la Vanoise (Pointe de la Grande Casse, 3852 m). Hier hat man sich – ganz im Gegensatz zur Haute-Tarentaise – einem sanften (naturschonenden) Tourismus verschrieben. Die Vanoise steht seit 1963 als Parc National (560 km²) größtenteils unter Naturschutz; sie bietet herrliche Tourenmöglichkeiten aller Schwierigkeitsgrade. Sehr beliebt sind mehrtägige Wanderungen innerhalb des Parks.

Über *Bessans* (1720 m) und *Lanslevillard* (1480 m), dessen Kapelle St-Sébastien kostbaren Freskenschmuck aus der Zeit zwischen 1446 und 1518 bewahrt, erreicht man den aufstrebenden Wintersportplatz (Skigebiet Val Cenis)

Lanslebourg (1399 m; 600 Einw.), 133 km, wo links die Paßstraße zum Mont Cenis abzweigt. Sie zieht in sechs weiten Schleifen (Aussicht!) hinauf zum

4

***Col du Mont Cenis** (2083 m; 10 km). Der bekannte Übergang – möglicherweise von Hannibal auf seinem Zug über die Alpen benutzt – wurde 1803–1813 unter Napoleon zur Straße ausgebaut; er verbindet die Maurienne mit dem italienischen Susatal. Jenseits der Wasserscheide, aber noch auf französischem Boden, liegt der *Lac du Mont Cenis* (1974 m). Auf dem Grund des Sees liegt das im 9. Jh. gegründete Hospiz. Ein 1,4 km langer, 120 m hoher Erddamm riegelt den Stausee zur Talseite hin ab. Vom Belvédère E.D.F. (Informationspavillon mit Tonbildschau) hat man einen prächtigen Blick auf den Lac du Mont Cenis und die ihn umgebende Bergwelt.

Lanslebourg–Col du Mont Cenis–Susa 40 km.

Die »Route des Grandes Alpes« setzt sich über *Termignon* (1300 m) auf der vorzüglich ausgebauten N 6 talauswärts fort. In *Sollières* (1275 m) zweigt rechts ein lohnender Umweg (D 83/215) ab. Er bietet sich als Variante zur schnellen Hauptstraße an. Einem etwas größeren Zeitaufwand stehen prächtige Ausblicke gegenüber, die sich vor allem auf die südlichen Grenzberge richten (Dent d'Ambin, 3382 m; Aiguille de Scolette, 3508 m). Vom kleinen Flecken *Sardières* empfiehlt sich der kurze Abstecher (Zufahrt 1,5 km) zu dem sehenswerten, 97 m hohen und völlig freistehenden »Monolithe de Sardières«, einem mächtigen Felsen. An der 19 km langen Strecke liegt weiter *Aussois* (1489 m), das sowohl im Sommer als auch im Winter von Urlaubern aufgesucht wird (Werkstraße zu den Stauseen von Plan d'Aval und Plan d'Amont, 2078 m).

Die breite Hauptstraße N 6 folgt weiterhin dem Lauf des Arc. Links abseits liegt das Bergdörfchen *Bramans* (lohnender Abstecher zur Kirchenruine St-Pierre d'Extravache, 4 km); im Vordergrund tauchen die riesigen Befestigungsanlagen von *Esseillon* auf. Nach 1815 durch die sardische Monarchie zum Schutz gegen Frankreich errichtet, wurden sie nie benutzt.

Hinter dem Talriegel von Esseillon liegt jenseits des Arc, am rechten Ufer, das alte Dörfchen *Avrieux* (1103 m). Hier soll am 6. 10. 877 der westfränkische König Karl der Kahle, ein Enkel Karls des Großen, auf der Rückreise von Italien gestorben sein.

Sehenswert ist die Pfarrkirche; von unscheinbarem Äußeren, bewahrt sie kostbares Kunstgut des 16. und 17. Jhs. (u. a. reich geschnitzte Eingangstür, marmorne Kanzel, Altarflügel, Stukkaturen im Chorgewölbe).

Modane (1057 m; 5200 Einw.), 156 km, ist ein wenig ansprechender Grenz- und Warenumschlagplatz am Nordeingang des 1857–1870 erbauten Fréjus-Eisenbahntunnels (Linie Lyon–Turin). Seit 1980 gibt es auch einen Autotunnel, der parallel zum alten Bahntunnel verläuft und vor allem dem Schwerverkehr auf der EU-Achse Lyon–Turin dient.

Auf der N 6 geht es über *Fourneaux* (Gondelbahn ins Skigebiet Valfréjus, 1500–2470 m) im Tal des Arc weiter nach

St-Michel-de-Maurienne (712 m; 4000 Einw.), 173 km. Hier zweigt links die berühmte Galibier-Paßstraße ab (geradeaus weiter nach Chambéry; 85 km). Man überquert den Arc und fährt auf stark ansteigender Straße in zahlreichen Windungen hinauf zum 1570 m hohen *Col du Télégraphe* (schöner Tiefblick ins Arctal rund 200 m nördlich des Passes). Anschließend senkt sich die D 902 leicht hinab nach

Valloire (1430 m; 1000 Einw.), 190 km. Der alte Ort (Kirche aus dem 17. Jh.) wird heute sowohl im Sommer als auch im Winter viel besucht (u. a. Lifte zum Aussichtspunkt Crey du Quart, 2335 m).

🛈 Office de Tourisme, F-73450 Valloire.

Hinter Valloire steigt die D 902 zunächst im Tal der Valloirette steil (bis 14 %) an. Bei *Plan-Lachat* (1970 m) wendet sie sich nach Südwesten, um in einigen Kehren die Paßhöhe des

**** Col du Galibier (2642 m), 206 km, zu gewinnen. Sie gewährt eine bemerkenswerte Aussicht nach beiden Seiten; besonders eindrucksvoll präsentieren sich die firnbedeckten Hochgipfel des *Plevoux-Massivs* (Barre des Ecrins, 4102 m; La Meije, 3983 m). Noch etwas umfassender ist das Panorama von der kleinen Kuppe (2679 m) unmittelbar westlich der Paßhöhe (5 Min.; Orientierungstafel).**

Die »Route des Grandes Alpes« senkt sich – vorbei am Südportal des alten Tunnels (2556 m; Denkmal für H. Desgranges, dem Initiator der Radrundfahrt »Tour de France«) – in einigen Schleifen zum *Col du Lautaret,* 214 km, wo man auf die Route 6 trifft.

Briançon, 242 km (s. S. 50).

4

Chambéry – St-Jean-de-Maurienne – ** Col de la Croix de Fer – Rochetaillée (131 km)

Zu den wichtigsten Verkehrsadern (Plan s. S. 49) im französischen Alpenraum zählt die »Route Nationale« 6, die Paris mit dem 12,8 km langen Fréjus-Straßentunnel verbindet und auf italienischem Gebiet ihre Fortsetzung in der Strada statale No. 24 (Bardonecchia–Susa–Turin) findet. Sie bildet neben der Montblanc-Route eine weitere winterfeste Verbindung durch den westlichen Alpenkamm.

Die Route folgt dieser stark befahrenen Straße von Chambéry bis St-Jean-de-Maurienne, dem alten Hauptort der Maurienne. Anschließend verläuft sie über einen der schönsten Pässe der Französischen Alpen, den *Col de la Croix de Fer,* ins Tal der Romanche, zur Route 6. Als Alternative zur D 926 über den Croix de Fer bietet sich die weiter östlich verlaufende »Route des Grandes Alpes« über den Col du Galibier (siehe Route 4) an. Beide Paßstraßen lassen sich zu einer Rundfahrt verbinden (160 km).

Die vorzüglich ausgebaute N 6 führt von Chambéry (s. S. 23) zunächst nach Südosten. Man durchfährt *La Ravoire* und *Challes-les-Eaux* (310 m), ein hübsch am Fuß des Mont St-Michel gelegenes Heilbad (kalte Schwefelquelle). Nach 10 km folgt die Abzweigung der N 90 (nach Grenoble 47 km); kurz darauf erreicht die N 6 das breite Tal der Isère. Hinter Montmélian (285 m) verlaufen Straße und Fluß parallel.

Die N 6 zieht sich in einer langen Geraden am rechten Ufer der hier kanalisierten Isère talaufwärts. In Fahrtrichtung ist die weiße Kuppe des Montblanc über den Bergen des Beaufortin sichtbar. Nach 25 km mündet von links die D 911 ein. An ihr liegt 2,5 km nördlich *St-Pierre-d'Albigny* (404 m), Ausgangspunkt für den empfehlenswerten Abstecher zum **Château Miolans* (3,5 km auf der D 101). Das weithin sichtbare mittelalterliche Schloß (älteste Teile aus dem 10. Jh.) erhebt sich rund 250 m über dem Talgrund auf einem mächtigen Felssporn. Von der Zinne des Turmes St-Pierre genießt man prächtige Ausblicke in die *Combe de Savoie* (Tal der Isère zwischen Albertville und Montmélian).

(🕓 Anfang Juni bis Mitte September Mo–Sa 10–12, 14.30–18.30 Uhr, So 14.30 bis 18.30 Uhr.)

Auf der Weiterfahrt nach *St-Jean-de Maurienne* überquert man beim *Pont Royal* die Isère (geradeaus weiter nach Albertville, 22 km).

In Chamousset, das unmittelbar jenseits des Flusses liegt, nimmt die D 25/207 ihren Ausgang. Die landschaftlich überaus reizvolle Tour über *Chamoux-sur-Gelon* zieht sich in zahllosen Windungen hinauf zum *Col du Grand Cucheron* (1188 m) und verläuft dann bergabwärts ins Tal des Arc. Bei *Epierre* (370 m) trifft man wieder auf die Hauptstraße (Mehrdistanz 18 km).

Die N 6 wendet sich nun in die vom Arc durchflossene Maurienne. Man fährt über *Aiguebelle* (323 m) und *Epierre,* 48 km, in dem Tal (viel Industrie) aufwärts. Bei

La Chambre (471 m; 800 Einw.), 62 km, das abseits der Durchgangsstraße liegt (Kirche mit schönem Portal aus dem 13. Jh.), treten die steilen, bewaldeten Bergflanken etwas zurück. Eine gute ausgebaute Bergstraße führt in das nach Norden ansteigende Tal des Bugeon; sie überquert am *Col de la Madeleine* (1993 m) die Wasserscheide zur Isère und vermittelt einige prächtige Ausblicke, die nach Norden bis zum Montblanc reichen (bis Notre-Dame-de-Briançon in der Tarentaise 46 km). Von Südwesten öffnet sich hier das Engtal des Glandon. Eine teilweise recht schmale Straße führt über *St-Colomban-des-Villards* hinauf zum *Col du Glandon* (1924 m), 22 km.

Auf der Weiterfahrt zum Mont Cenis kommt man beim Flecken *Pontamafrey,* 68 km, an der Abzweigung einer überaus lohnenden Nebenstraße vorbei. Der Abstecher sollte den berggeübten Fahrern vorbehalten sein. Die Straße windet sich in 24 kühn dem Felsen abgerungenen Serpentinen nach Montvernier (796 m; 4 km) hinauf (packender Tiefblick).

St-Jean-de-Maurienne (546 m; 10 000 Einw.), 72 km, das sich in einer Talweitung am Zusammenfluß von Arvan und Arc ausbreitet, ist der eigentliche Hauptort der Maurienne. Den Mittelpunkt des Städtchens bildet die *Place de la Cathédrale,* an der das alte *Bischöfliche Palais* (kleines Heimatmuseum mit volkskundlicher

Gotischer Kreuzgang in St-Jean-Baptiste

Sammlung und sakraler Kunst; ◷ Juli, August und September), die Kapelle *Notre-Dame,* die *Kathedrale* und der mächtige, 30 m hohe Glokkenturm (11. Jh.) stehen. Das romanische Bauwerk der **Cathédrale St-Jean-Baptiste* geht in seinen wesentlichen Teilen auf das 11. Jh. zurück. Neueren Datums sind lediglich der gotische Chor (15. Jh.), zwei später hinzugefügte Kapellen und die klassizistische Vorhalle (1771), in der das Mausoleum des Grafen Humbert aux Blanches Mains aufgestellt wurde. Bemerkenswert ist die Ausstattung des Gotteshauses, die teilweise noch aus dem 15. Jh. stammt.

Unter der Kathedrale wurde 1958 eine interessante *romanische Krypta* (9 x 23 m Grundriß) entdeckt. Ihr Zugang befindet sich in dem schönen gotischen Kreuzgang (1477–1488), der sich nördlich an das Gotteshaus anschließt.

Im *Musée de l'Opinel* (Avenue Henri-Falcoz) wird eine umfangreiche Sammlung von Messern aus Savoyen gezeigt, ein Handwerkszweig, der in der Vergangenheit florierte (◷ Mo – Sa 9–12, 14–19 Uhr).

ℹ Office de Tourisme, Place de la Cathédrale, F-73300 St-Jean-de-Maurienne.

⌂⌂ »Saint-Georges«. – ⌂ »Bernard«.

St-Jean-de-Maurienne ist ein günstiger Standort für Ausflüge in der Maurienne. Auch die nähere Umgebung hat einige lohnende Ziele zu bieten, so z. B. den hübschen Aussichtspunkt *Mont-André* oder einen Abstecher über Montvernier nach *Montpascal* mit Besteigung der *L'Arméla* (1837 m; Aufstieg 1 ¼ Std.). Für Liebhaber kurvenreicher Bergstraßen ist die Runde über *Albiez-le-Jeune* und *Albiez-le-Vieux* (1522 m) ein Hochgenuß (über 60 Kehren!). Gut ausgebaute Straßen führen südwestlich zu den Skistationen *Le Corbier* (1560 m) und *La Toussuire* (1690 m). Im Sommer lassen sich von hier aus verschiedene leichte Gipfelbesteigungen unternehmen, z. B. auf den *Grand Truc* (2209 m; 1 ½ Std. ab La Toussuire) oder die *Pointe de Corbier* (2266 m; 2 Std. ab Le Corbier).

Die Fahrt über den Col de la Croix de Fer vermittelt ein prächtiges Landschaftserlebnis. Auf der teilweise kurvenreichen Straße ist aber besondere Vorsicht angezeigt, so unter anderem auch in der *Combe Genin,* einer wildromantischen Schlucht an der Ostrampe des Passes. Die D 926 verläuft hier hoch über dem Arvan. Am oberen Ausgang der Klamm hat man rechts die Abzweigung der D 80, die als Alternativstrecke an der nördlichen Talflanke über *St-Jean-d'Arves* führt.

Vor *St-Sorlin-d'Arves* (1508 m) treffen die beiden Routen wieder zusammen. Der weitere Anstieg vollzieht sich bei zunehmend erweiterter Aussicht zum

**** Col de la Croix de Fer** (2068 m), 101 km. Besonders schön ist der Blick auf den markanten Dreizack der *Aiguilles d'Arves* (3510 m); weiter rechts stehen die Hochgipfel des *Pelvoux-Massivs* am Horizont. Noch umfassender ist die Rundschau natürlich von der *Pointe de l'Ouillon* (2432 m), deren abgeflachte Kuppe sich unmittelbar über dem Paß erhebt (1 Std.).

Bei der Talfahrt kommt man zunächst dicht am *Col du Glandon* (1924 m; Montblanc-Blick) vorbei, wo die D 927 einmündet; dann folgt man der *Eau d'Olle,* die zweimal eindrucksvolle Schluchten durchläuft (Combe d'Olle, Défilé du Maupas), aber auch zweimal zum Speichersee aufgestaut ist, hinab ins breite Tal der Romanche. Am Ausgang der Maupas-Klamm hat man zur Rechten die sehenswerte *Cascade des Sept Laux.* Ein markierter Weg führt in die *Montagne des Sept Laux* (Berge der sieben Seen); in etwa 3 Stunden steigt man hinauf zum *Col des Sept Laux* (2184 m). Der Paß liegt im Zentrum einer großartigen hochalpinen Berg- und Seenlandschaft.

Bei *Rochetaillée* (711 m) mündet die D 526 in die Route 6.

5

* Grenoble – Le Bourg d'Oisans – * Col du Lautaret – * Briançon (116 km)

Die über den Col du Lautaret verlaufende N 91 weist einen ihrer Verkehrsbedeutung entsprechenden Ausbauzustand auf. Sie ist Teil der vielbefahrenen Alpenquerstraße, die Grenoble mit Turin verbindet und dabei zwei Wasserscheiden am Lautaret und am Montgenèvre überquert. Vom Landschaftserlebnis bietet diese Fahrt von Grenoble durch das Tal der Romanche zum Col du Lautaret und weiter nach Briançon viel Abwechslung. Zahlreiche Möglichkeiten zu lohnenden Ausflügen finden sich im Talbecken von Bourg d'Oisans und in der Umgebung des Festungsstädtchens Briançon. Bei gutem Wetter sollte man auch einen Abstecher zum Col du Galibier (siehe Route 4) nicht versäumen.

Für die Skisportler steht das Oisans im Mittelpunkt des Interesses: *L'Alpe d'Huez* und *Les Deux-Alpes* sind zwei hochkarätige Wintersportplätze; ersteres ist bereits mehrfach zu »Weltcup-Ehren« gekommen, Gletscher-Skilauf ist im Sommer an beiden Orten möglich.

Ausgangspunkt dieser Route ist Grenoble (s. S. 26). Über Vizille (s. Route 7) fährt man in das Tal der Romanche. Bei *Séchilienne* (364 m; 25 km), das von einer mittelalterlichen Burg überragt wird, zweigt links eine Nebenstraße ab, die über den Col Luitel die Verbindung mit der Chamrousse-Ringstraße herstellt.

Die N 91 setzt sich im engen Tal der Romanche fort. Hinter *Livet,* 36 km, wird erstmals der Blick auf die Grandes-Rousses-Kette (Pic de l'Étendard, 3468 m) frei. Bei *Rochetaillée* (711 m; 42 km), wo die Straße zum Col de la Croix de Fer (D 526; s. Route 5) ihren Ausgang nimmt, weitet sich das Tal zu dem von hohen Bergen umschlossenen Bassin du Bourg d'Oisans. Man passiert auf der Weiterfahrt die Abzweigung der Straße zum Col d'Ornon (1367 m) und erreicht dann

Le Bourg d'Oisans (720 m; 3000 Einw.), 49 km, den Hauptort des Oisans. Einen Besuch verdient hier das *Musée Municipal;* es zeigt neben Mineralien viele (ausgestopfte) Tiere der Alpen (◷ Mitte Juni bis Mitte September täglich 11–19 Uhr, sonst Mi – Mo 14–18 Uhr).

ⓘ Office de Tourisme, Quai Girard,
F-38520 Le Bourg-d'Oisans.

Le Bourg d'Oisans ist Ausgangspunkt der Stichstraße nach *Villard-Notre-Dame* (1552 m), die mit Recht als eine der kühnsten im ganzen Alpenraum gilt. Sie ist schmal und weist Dauersteigungen von 12 % auf; trotz ihres teilweise in senkrechte Felswände trassierten Verlaufs ist sie völlig ungesichert (9 km).

Ebenso eng und kurvenreich ist aber auch das Sträßchen nach *Villard-Reymond* (1680 m), das an der Nordrampe der Col-d'Ornon-Paßroute seinen Ausgangspunkt hat. Man wird das winzige Bergnest vor allem ansteuern, um dem *Prégentil* (1938 m; 1 Std.) einen Besuch abzustatten. Der unscheinbare Gipfel bietet ein Panorama, gewürzt mit packenden Tiefblicken, das weit mehr als nur »gentil« (nett) ist...

Zu den bekanntesten Wintersportplätzen im französischen Alpenraum zählt

*** L'Alpe d'Huez** (1860 m), eine ausgedehnte Hotel- und Chaletsiedlung, die sich durch ihre sonnige, gegen kalte Nordwinde geschützte Lage rund 1000 m über dem Tal der Romanche auszeichnet. Man erreicht die Alpe d'Huez von Le Bourg d'Oisans über eine vorzüglich ausgebaute Serpentinenstraße (D 211, 14 km), die sich über den Flecken La Garde und das Bergdorf Huez (1495 m) zu dem Ferienort hinaufzieht.

ⓘ Office de Tourisme, Place Paganon,
F-38750 L'Alpe d'Huez.

Bei günstigen Witterungsverhältnissen ist eine Fahrt von der Alpe d'Huez mit der Drei-Sektionen-Seilschwebebahn zum *Pic du Lac Blanc* (3327 m) sehr zu empfehlen. Von der Bergstation, die man nach 20minütiger Fahrt erreicht, bietet sich eine herrliche Gipfelschau (Orientierungstafel), die im Süden von der majestätisch aufragenden *Meije* beherrscht wird.

Daß man in Alpe d'Huez nicht nur touristisch-kommerziell, sondern auch an das historische Erbe denkt, beweist die *Maison du Patrimoine.* Neben volkskundlichem Material werden vor allem Dokumente und Funde zu dem hier im Mittelalter betriebenen Bergbau (Ausgrabungsstätte *Brandes,* unweit des Flugplatzes) gezeigt. (◷ Dez. bis Anfang Mai sowie Juli/Aug. täglich 10–12, 15–19 Uhr.)

Tief in das Herz des Pelvoux-Massivs hinein greift die ** *Vallée du Vénéon.* Eine 26 km lange Stichstraße (D 530), die bei der Häusergruppe *Le Clapier* (743 m) von der N 91 abzweigt, erschließt dieses überaus schöne hochalpine Tal. Sie ist recht schmal und steil (bis 14%), bietet aber eine Vielzahl großartiger Landschaftseindrücke.

Das Bergsteigerdorf **La Bérarde* (⌂ »Des Glaciers«), großartig in einem von mächtigen Steilwänden umschlossenen Talkessel gelegen, gilt als klassischer Ausgangspunkt für Touren im Pelvoux-Massiv, das seit 1973 zum größten Teil unter Naturschutz steht *(Parc national des Ecrins,* 918 km²).

Als leichte Halbtagstour ist die Besteigung der ** *Tête de la Maye* (2517 m) sehr zu empfehlen. Ebenfalls lohnend ist der rund eine Stunde in Anspruch nehmende Spaziergang in den Talschluß des *Plan du Carrelet* (1918 m).

ℹ Maison du Parc des Ecrins, Rue Gambetta, F-38520 Le Bourg d'Oisans.

Die N 91 verläuft ab *Le Clapier* durch die Schluchten der oberen Romanche. Sie gewinnt zunächst kräftig an Höhe und senkt sich dann in die Gorges de l'Infernet *(Höllenschlucht).* Hinter *Le Freney* (920 m), wo links die D 211A von La Garde einmündet, steigt die N 91 in einer weiten Schleife erneut an. Man durchfährt zwei kurze Tunnels und erreicht dann unvermittelt den *Lac du Chambon* (1040 m), der durch eine 90 m hohe Betonmauer aufgestaut wird. Über die Krone dieser Talsperre zweigt rechts die 10 km lange Zufahrt nach

Les Deux-Alpes (1650 m) ab. Dieser unmittelbar auf einer Wasserscheide gelegene Wintersportplatz hat in den letzten Jahren eine stürmische Entwicklung erlebt (zahlreiche Lifte, u. a. zum Glacier de Mont-de-Lans, 3158 m; Sommerskilauf). Eine gute Aussicht gewährt der *Pied Moutet* (2338 m; Gondelbahn und 1 Std. Aufstieg).

ℹ Office de Tourisme, F-38860 Les Deux-Alpes.

Die N 91 setzt sich – zunächst in einem längeren Tunnel – am Nordufer des *Lac du Chambon* fort. Anschließend verläuft sie durch die düstere Bergschlucht *Combe de Malaval.* Rechts wird der ausgedehnte Gletscher von Mont-de-Lans sichtbar, links die Cascade de la Pisse (Wasserfall). Am Ausgang des langen engen Tals folgt

* **La Grave** (1482 m; 600 Einw.), 77 km, ein altes Bergsteigerdorf mit einer romanischen Kirche, die im 15. Jh. umgebaut wurde; schöne Lage am Fuß der dreigipfligen Meije (3983 m). Den besten Blick auf diesen Berggiganten, der 1877 erstmals bestiegen wurde, hat man vom *Oratoire du Chazelet* (1760 m), zu dem eine Stichstraße (D 33, 5 km) hinaufführt. Die Fahrt mit dem Sessellift zur Anhöhe *Terrasses* (2123 m) wird mit einer prächtigen Aussicht belohnt; zum *Glacier de la Meije* (Bergstation Ruillans, 3190 m) fährt eine Gondelbahn.

An der N 91 folgen zwei längere Tunnels. Dann fährt man – vorbei an dem abseits liegenden Weiler *Villar-d'Arêne* (1651 m) – hinauf zum

* **Col du Lautaret** (2058 m), 88 km. Vom Paß aus, Wasserscheide zwischen Romanche und Guisane, hat man eine gute Aussicht auf die Meije und den an ihrer Ostflanke herabziehenden Glacier de l'Homme. Nur wenige Gehminuten oberhalb liegt der interessante *Jardin* (Alpengarten; Col du Galibier: s. Route 4).

Die anschließende Talfahrt nach Briançon zieht sich entlang einer Hangstrecke durch mehrere Lawinengalerien bis nach *Monétier-les-Bains* (1470 m) im Talgrund. Der alte Marktflecken, einst Station an der Römerstraße Montgenèvre – Lautaret – Vienne, besitzt eine schöne gotische Kirche.

An der N 91 folgen talauswärts *Villeneuve-La Salle* (1381 m) und

Chantemerle (1360 m), 110 km, zwei vielbesuchte Wintersportplätze. In das nahe Skigebiet am *Serre Chevalier* (2483 m) führt eine 4 km lange Seilschwebebahn.

Lac de Chambon

6

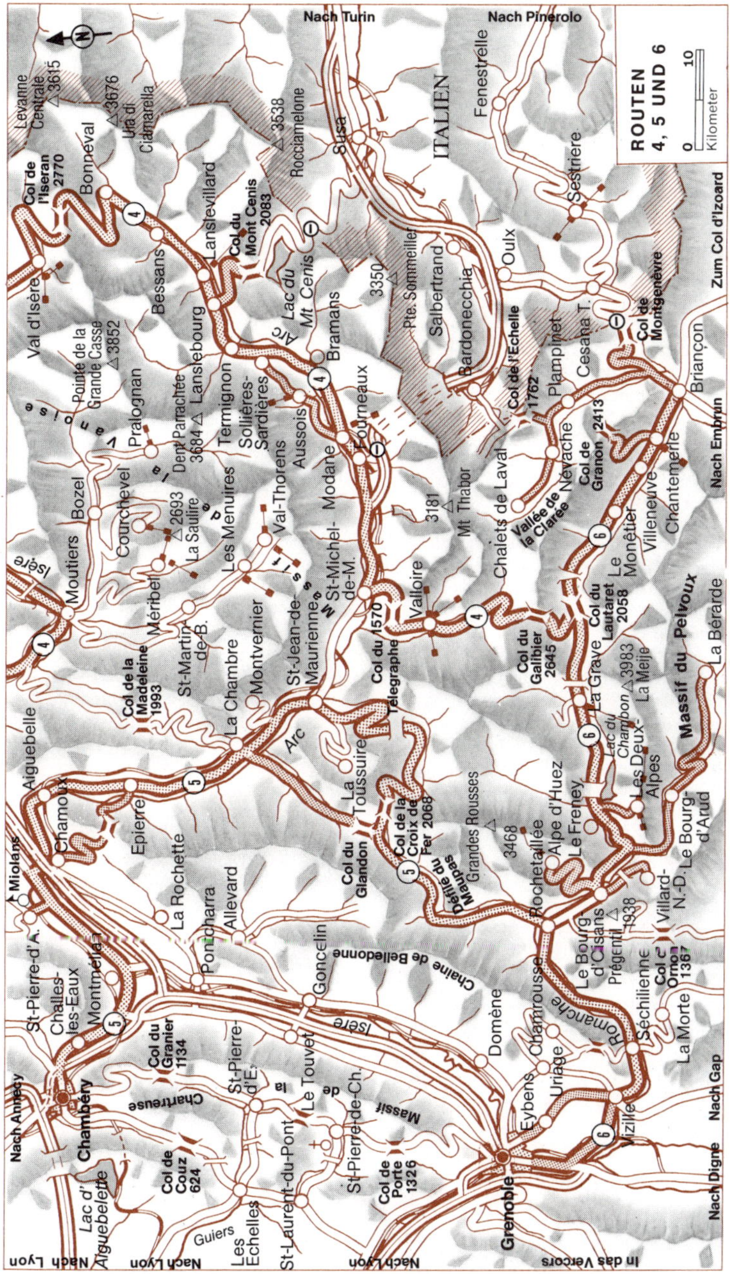
ROUTEN
4, 5 UND 6
0 10
Kilometer
Nach Turin
Nach Pinerolo
Zum Col d'Izoard
Nach Embrun
Nach Gap
Nach Digne
In das Vercors
Nach Lyon
Nach Lyon
Nach Lyon
Nach Annecy
ITALIEN
Levanne Centrale 3615
Col de l'Iseran 2770
Bonneval
3676 Uia di Ciamarella
Lanslevillard
Col du Mont Cenis 2083
3538 Rocciamelone
Susa
Fenestrelle
Sestriere
Oulx
Salbertrand
Pte. Sommeiller
3350
Lac du Mt Cenis
Arc
Bramans
Bessans
Lanslebourg
Termignon
Val d'Isère
Pointe de la Grande Casse 3852
Pralognan
Dent Parrachée 3684
Sollières-Sardières
Aussois
Fourneaux
Modane
Bardonecchia
Col de l'Echelle 1762
Plampinet
Cesana T.
Col de Montgenèvre
Briançon
Chantemerle
Villeneuve
Le Monêtier
Col de Granon 2413
Névache
Vallée de la Clarée
Chalets de Laval
Mt Thabor 3181
Val-Thorens
Les Menuires
La Saulire 2693
Courchevel
Bozel
Vanoise
Parc de la Vanoise
Moutiers
Isère
Méribel
St-Martin-de-B.
St-Michel-de-M.
Valloire
Col du Galibier 2645
Col du Lautaret 2058
La Grave
Chambon 3983
La Meije
Massif du Pelvoux
La Bérarde
Col du Télégraphe 1570
Col de la Madeleine 1993
Aiguebelle
La Chambre
Montvernier
St-Jean-de-Maurienne
Maurienne
Arc
La Toussuire
Col de la Croix de Fer 2068
Col du Glandon
Défilé du Maupas
Grandes Rousses 3468
Alpe d'Huez
Le Freney
Lac du Chambon
Les Deux-Alpes
Le Bourg-d'Arud
Villard-N.-D.
Le Bourg-d'Oisans
Rochetaillée
Prégentil 1938
Col d'Ornon 1367
Séchilienne
La Morte
Romanche
Chamrousse
Uriage
Eybens
Vizille
Domène
Grenoble
Chaîne de Belledonne
Goncelin
Allevard
Pontcharra
La Rochette
Epierre
Chamoux
Miolans
St-Pierre-d'A.
Challes-les-Eaux
Montmélian
Chambéry
Col du Granier 1134
Massif de la Chartreuse
St-Pierre-d'E.
Le Touvet
St-Pierre-de-Ch.
Col de Porte 1326
St-Laurent-du-Pont
Les Echelles
Guiers
Col de Couz 624
Lac d'Aiguebelette
Isère
4
5
6

6

Zu empfehlen ist von Chantemerle der kurze Abstecher (12 km) zum nördlich gelegenen *Col de Granon*. Dieser Ausflug wird durch einen schönen Ausblick zum Pelvoux-Massiv belohnt.

*** Briançon (1204–1326 m; 12 000 Einw.), 116 km. Die als Luftkurort, Ausflugsziel und Wintersportplatz besuchte »höchstgelegene Stadt Europas« zeichnet sich durch ihre schöne Lage an der Mündung mehrerer Täler aus. Von alters her ist der Charakter des Städtchens durch seine strategische Bedeutung an einem wichtigen Alpenübergang (Col de Montgenèvre) bestimmt worden. In den Jahren 1693–1722 errichtete der berühmte Baumeister Vauban im Auftrag von Louis XIV ein ganzes System von Befestigungen um Briançon; die Stadt selbst erhielt einen doppelten Mauergürtel.**

Überaus sehenswert ist die hochgelegene *Altstadt, zu der vom neueren Ortsteil *Ste-Cathérine* die breite Avenue de la République hinaufführt. Mit ihren engen, vielfach von kleinen Wasserrinnen (sogenannten »Gargouilles«) durchzogenen Gassen bietet sie ein malerisches Bild. An der Westseite erhebt sich die von Vauban erbaute zweitürmige festungsartige *Kirche* (1703–1718, bemerkenswerte Ausstattung). Von der Hauptstraße der *Ville Haute,* der pittoresken Grand' Rue, steigt man durch winklige, steile Gäßchen in wenigen Minuten zum *Fort du Château* hinauf. Hoch oben auf der Feste steht eine *Statue de France* (Aussicht!). – Lohnend ist der abschließende kurze Gang zum imposanten *Pont d'Asfeld,* einer 1734 errichteten Brücke, die in einem einzigen Bogen die Schlucht der Durance überspannt. – Bergbaumuseum.

6

Grand'Rue in Briançon

ℹ Office de Tourisme, Porte de Pignerol, F-05100 Briançon.

Die Umgebung von Briançon bietet viele Ausflugsmöglichkeiten. Ein prächtiger Aussichtspunkt ist die *Croix de Toulouse* (1973 m; Sträßchen) nördlich über der Stadt; bemerkenswerte Ausblicke in den weiten Talkessel ergeben sich auch von den hochgelegenen Bergdörfchen *Puy-St-Pierre* und *Puy-St-André.* Eine Seilschwebebahn erschließt das Skigebiet am *Mont Prorel* (2572 m; Aussicht). Zu empfehlen ist weiter ein Ausflug in die **Vallée de la Clarée.* Eine recht ordentliche Straße (D 994/D 301) führt über die Weiler *Val-des-Prés* (1391 m) und *Plampinet* (1478 m), dessen Kirche bemerkenswerte Fresken aus dem 16. Jh. birgt, mäßig aufwärts nach *Névache* (1594 m; 20 km; ⌂ »Pension Guillaume«), dem aus mehreren Teilen bestehenden Hauptort der *Vallée de la Clarée.* Die sehenswerte Kirche wurde 1496 erbaut. – Weiter taleinwärts kommt man noch zu den *Chalets de Laval* (2015 m; 30 km), die sich vorzüglich als Ausgangspunkt für zahlreiche prächtige Wanderungen und Gipfeltouren eignen, etwa zum Col des Béraudes (2781 m; 3 Std.) oder zum Col des Muandes (2832 m; 2 ½ Std.). Gern aufgesucht werden auch die beiden Seen unterhalb der Crête des Muandes, der Lac Long und der Lac Rond (2450 m; 1 ¼ Std.); wer höher hinaus will, nimmt sich den *Roche de la Grande Tempête* (3002 m; 3 ½ Std.) zum Ziel. Eine tolle Tour (aber nur für Bergsteiger) führt über den Col des Muandes zum **Mont Thabor* (3181 m), dem schönsten Aussichtsgipfel der Region.

Von Briançon verläuft die vielbefahrene N 94 über den Col de Montgenèvre zur französisch-italienischen Grenze (weiter über Cesana Torinese nach Susa, 55 km).

Der Paß, Wasserscheide zwischen Durance und Dora Riparia, besaß bereits im Altertum eine große Bedeutung; 1807 wurde die unter Napoleon erbaute Straße eröffnet. Heute wird Montgenèvre (1850 m; 300 Einw.) gern von Wintersportlern aufgesucht. Im Sommer bietet sich vor allem der *Mont Chaberton* (3136 m) als lohnendes Tourenziel an. Vom Grenzort Clavière (1760 m) aus besteigt man in etwa 4 ½ Std. den stolzen, von einem alten Befestigungswerk »gekrönten« Dreitausender (markierter Weg).

* Grenoble – * Route Napoléon – Digne (– Nizza) (190 km)

Die * »Route d'Hiver des Alpes« (s. Route 8) und die * »Route Napoléon« sind zwei klassische Wege in den Süden; beide führen durch eine reizvolle Voralpenlandschaft, die zunehmend mediterrane Züge annimmt, von Grenoble zur Côte d'Azur.

Die Bezeichnung »Route Napoléon« erinnert an den Korsen, der bei seiner Rückkehr von Elba für den gefährlichen Marsch nach Paris diesen Weg durch die Berge wählte, um den bourbonischen Truppen im Tal der Rhône auszuweichen. Die folgende Beschreibung umfaßt den Abschnitt Grenoble–Digne der »Route Napoléon«; für jene, die weiter zur Küste wollen, sei auf den Polyglott-Reiseführer »Côte d'Azur« verwiesen. Er informiert auch über die Sehenswürdigkeiten des Hinterlandes, die im Bereich der »Route Napoléon« liegen, z. B. den unbedingt besuchenswerten Grand Canyon du Verdon (Plan s. S. 55).

Man verläßt das Stadtgebiet von Grenoble (siehe S. 26) durch den Cours Jean Jaurès und die autobahnähnlich ausgebaute N 75. In *Le Pont-de-Claix* (8 km) biegt man links ab (rechts geht es auf der »Route d'Hiver« zum Col de la Croix Haute; siehe Route 8). Im weiteren Verlauf der Fahrt bieten sich einige schöne Ausblicke in das Tal der Drac und auf die im Westen steil aufragende Kette des Vercors. Die erste Unterbrechung dieser Tour empfiehlt sich in dem Industrieort

Vizille (278 m; 8000 Einw.), 17 km, mit einem imposanten Schloß (1611–1619). Hier versammelten sich 1788 die Stände der Dauphiné zu jenem schicksalhaften Protest, der sich gegen die Unterdrückung des Parlaments und der persönlichen Freiheit richtete und als Fanal zur Französischen Revolution in die Geschichte einging. Das Schloß, heute im Besitz des Staates, kann besichtigt werden (◷ April bis September täglich außer Di 9.30–12, 14–18 Uhr; Oktober bis März Mi bis So 10–12, 14–17 Uhr).

Die »Route Napoléon« überquert in Vizille die Romanche und steigt dann hinter *Notre-Dame-de-Mésage* (bemerkenswerte frühromanische Kirche) bergan.

In *Laffrey* (904 m) ist das Ende der langanhaltenden Steigung (bis 10%) erreicht. Rund 500 m

Die Napoleon-Statue am Grand Lac

südlich des kleinen Sommerferienorts (⌂ »Du Grand Lac«) steht unweit der Hauptstraße ein Reiterstandbild Napoleons. Es bezeichnet die Stelle, wo der Kaiser bei seiner Rückkehr von Elba am 7. März 1815 mit den ihm entgegengesandten Truppen zusammentraf (Prairie de la Rencontre). Auf dieser Wiese war ein Bataillon aufgestellt, das Napoleon den Weg nach Grenoble versperren sollte. Die Soldaten widersetzten sich aber dem Schießbefehl und liefen zu Napoleon über.

Die Route verläuft nun entlang den Seen Grand Lac, Lac de Petichet und Lac de Pierre-Châtel. Nach dem Ort *Pierre-Châtel* erreicht man

La Mure (885 m; 6000 Einw.), 38 km, den Endpunkt der von Westen einmündenden Corniche du Drac. Das alte, am Südrand der Hochfläche von Matésine gelegene Städtchen ist Mittelpunkt eines wichtigen Bergbaugebietes (Musée Matheysin, ◷ Juli bis September täglich außer Di). Nach La Mure kommt man auch mit der Eisenbahn, die – ursprünglich für den Abtransport des Erzes gebaut – mit ihren Tunnels und Viadukten heute eine beliebte Touristenattraktion bildet (St-Georges-de-Commiers – La Mure 30 km; verkehrt von März bis November).

Hochalpine Landschaftseindrücke vermittelt ein Abstecher von La Mure in das aus dem Pelvoux-Massiv herabziehende Tal der Bonne, das * *Valjouffrey*. Eine recht gute Straße führt über *Valbonnais* (783 m), *Entraigues* und *Valjouffrey* bergan zum Weiler *Le Désert* (1267 m; 29 km). Hier empfiehlt es sich, die rund einstündige Wanderung weiter taleinwärts zur großartigen *Cascade de la Pisse* (Wasserfall) zu unternehmen. Auf dem letzten Wegabschnitt wird dabei auch der Blick in den herrlichen, vom *Pic d'Olan* (3564 m) majestätisch überragten Talschluß frei. Er liegt innerhalb des 918 km² großen Ecrins-Nationalparks.

Die Route Napoléon setzt sich an der Nordostflanke des tief eingeschnittenen *Drac-Tals* fort.

Corps (937 m; 500 Einw.), 63 km, ist Ausgangspunkt einer Bergstraße, die an steilen Hängen zum bekannten Wallfahrtsort *Notre-Dame-de-la-Salette* (1770 m; 14 km) hinaufführt. Dieser Abstecher lohnt vor allem in Verbindung mit einer Besteigung des *Mont Gargas* (2207 m; 1 ¼ Std.; Orientierungstafel). Die mächtige, weithin sichtbare Basilika wurde 1861–1879 in neuromanischem Stil erbaut.

Großartig ist der Blick hinüber zum *Obiou* (2790 m), der als Hauptgipfel des Dévoluy den Drac um rund 2000 m überragt. Der abweisenden Gestalt zum Trotz kann der mächtige Berg auf einem guten Pfad ohne nennenswerte Schwierigkeit bestiegen werden (6–7 Std.); vom höchsten Punkt genießt man ein immenses Panorama.

Wer in Corps seine Fahrt nicht auf direktem Weg fortsetzen will, dem sei der lohnende Umweg von 18 km über *St-Etienne-en-Dévoluy* (1272 m) und den *Col du Noyer* (1664 m) empfohlen. Höhepunkte dieser fahrtechnisch nicht ganz problemlosen Strecke bilden die Staumauer von *Sautet,* die beiden malerischen Engpässe im Tal der Souloise, das schön gelegene romanische Kirchlein von *St-Disdier* (»Mère Eglise«; Zufahrt 1,5 km) und die herrlichen Ausblicke vom *Col du Noyer* (Wintersport in Superdévoluy).

Die »Route Napoléon« verläuft hinter Corps zunächst hoch über dem Ostufer des aufgestauten Lac du Sautet. Anschließend folgt das landschaftlich reizvolle Mündungsgebiet der Séveraisse. Das * *Valgaudemar* bohrt sich tief in das Hochgebirge des Pelvoux-Massivs hinein. Eine teilweise recht schmale Straße ermöglicht eine Fahrt bis zum Ende des wildromantischen Tals (27 km).

Das an Wasserfällen ungewöhnlich reiche, noch sehr ursprüngliche Valgaudemar bietet gute Tourenmöglichkeiten, aber auch herrliche Wanderungen abseits vielbegangener Pfade (Lac Lautier, 2360 m; Lacs de Petarel, 2090 m; Le Chapeau, 2372 m). Ein hübscher kleiner Abstecher führt von La Chapelle südlich hinauf zu den Häusern von *Les Portes* (1269 m), wo sich ein prächtiger Ausblick auf die Südflanke des Pic d'Olan (3564 m) bietet; beliebtes Wanderziel im Talschluß ist der winzige *Lac du Lauzon* (2023 m; dreistündige Runde ab Gioberney). Für geübte Berggänger ist der *Mont Gioberney* (3351 m) ein lohnendes Ziel (grandioses Panorama, 5 Std. vom Straßenende).

Auf der N 85 fährt man im Tal des oberen Drac (Champsaur) aufwärts.

Empfehlenswert ist ein Abstecher in die * Hochtäler des *Drac Blanc* (Les Auberts, 31 km) und des Drac Noir. *Orcières* (1439 m; 26 km) und der Hotelort *Merlette* (1838 m), die beide am Oberlauf des Drac Noir in schöner Bergumgebung liegen, werden vor allem zum Wintersport gern besucht (Sessellift zum Sommet Drouvet, 2655 m; prächtige Aussicht).

ℹ Office de Tourisme,
F-05170 Orcières-Merlette.

Die N 85 steigt mäßig an zum Col Bayard (1248 m). Dann geht es hinab nach

Gap (733 m; 30 000 Einw.), 103 km. Die belebte Alpenstadt, Hauptort des Département Hautes-Alpes und Sitz eines Bischofs, liegt im Kreuzungspunkt wichtiger Straßen (N 85 und N 94). Einen Besuch verdient das *Musée départemental* (Departementsmuseum) an der Avenue Maréchal Foch mit einer archäologischen Sammlung (Funde aus der Bronzezeit), ferner volkskundlichen Objekten und Fayencen. (🕓 Juli bis Mitte Sept. tgl. 10–12, 14.30–18.30 Uhr, Mitte Sept. bis Ende Juni tgl. außer Di 14–17 Uhr.)

ℹ Office de Tourisme; 12, rue Faure-du-Serre, F-05000 Gap.

Auf der Weiterfahrt in Richtung Digne erreicht man westlich von *Tallard* (605 m), einem pittoresken alten Ort, den die Ruinen seines mächtigen Schlosses (14./16. Jh.) überragen, das breite Tal der Durance. Bei *Le Poët,* 139 km, bietet sich ein schöner Rückblick auf die firnbedeckten Gipfel des Pelvoux-Massivs (Orientierungstafel).

7

Sisteron (482 m; 7500 Einw.), 141 km, das Segustero der Römer, liegt malerisch am rechten Ufer der Durance, etwas unterhalb der Buëchmündung. Das alte Städtchen wird überragt von seiner hochgelegenen *Zitadelle* (Fußweg; kleines Museum, ◷ Ostern bis Allerheiligen täglich 8.30–19.30 Uhr).

Kunsthistorisches Interesse verdient die ehemalige Kathedrale *Notre-Dame-des-Pommiers* (12. Jh.) als gutes Beispiel romanisch-provenzalischer Sakralbaukunst. Einen besonders hübschen Blick auf die Talenge von Sisteron (Le grandiose Portail de séparation entre le Dauphiné et la Provence) und den alten Ortskern hat man vom linken Ufer der Durance.

ⓘ Office de Tourisme, Hôtel-de-Ville,
F-04200 Sisteron. – △.

Südwestlich von Sisteron erheben sich die Gipfel der Montagne de Lure, die für ihre prächtige Aussicht bekannt sind. Eine teilweise recht schmale und kurvenreiche Nebenstraße überquert den langgestreckten Bergrücken am *Pas de la Graille* (1597 m). Vom höchsten Punkt (1744 m) steigt man zu Fuß in 20 Min. zum *Signal de Lure* (1826 m) hinauf, wo sich ein grandioses Panorama eröffnet (Ventoux, Cevennen, Vercors, Pelvoux, Mont Viso, Seealpen). Sisteron–Montagne de Lure 43 km.

Die »Route Napoléon« setzt sich am rechten Ufer der Durance flußabwärts fort. In

Château-Arnoux (440 m; 7000 Einw.), 155 km, erreicht man eine wichtige Straßengabelung: Geradeaus verläuft die N 96 über Manosque nach Aix-en-Provence (92 km; Beschreibung siehe Polyglott-Reiseführer »Provence«), während die »Route Napoléon« hier nach Osten abbiegt. Man überquert die Durance unterhalb des *Barrage de l'Escale* und wendet sich dann ins Tal der Bléone.

Bei *Malijai* (161 km) empfiehlt sich ein kurzer Abstecher auf der D 4, an der man 5 km weiter südwestlich an den zerklüfteten Felsformationen, den Rochers des Mées, vorbeikommt.

Digne (608 m; 17 000 Einw.), 180 km, ist die alte Hauptstadt des Département Alpes de Haute-Provence. Es liegt hübsch inmitten weiter Lavendelfelder, die sich während der Blütezeit (Mitte Juli bis Mitte August) in einen duftenden blauen Teppich verwandeln. Digne wird deshalb auch als »Capitale des Alpes de la Lavande« bezeichnet. Den malerischen Ortskern mit seinen engen Gassen überragt die Kathedrale *St-Jerôme* (15. Jh.); am nordöstlichen Stadtrand liegt die kunsthistorisch bedeutendere Kirche *Notre-Dame-du-Bourg* aus dem 13. Jh. (schönes Portal). Digne wartet mit nicht weniger als vier Museen auf, deren Thematik verschiedener kaum sein könnte: Das *Musée de Digne-les-Bains* zeigt neben einer kleinen Gemäldegalerie eine naturkundliche Sammlung (◷ Juni bis September 10.30–12, 13.30–17.30 Uhr, Oktober bis

Digne: Portal der Kirche N.-D.-du-Bourg

Mai nur 13.30–17.30 Uhr). Im *Musée d'Art Religieux* in der Chapelle des Pénitents sind sakrale Kunstwerke ausgestellt. Außergewöhnlich die beiden anderen Sammlungen: die *Fondation Tibétaine,* begründet von Alexandra David-Néel (1868–1969), einer Orientalistin, die in Digne ihren Lebensabend verbrachte und die auf ihren vielen Reisen u. a. bereits 1924 die »verbotene Stadt« Lhasa besucht hatte (Führungen), und schließlich das *Centre de Géologie* in St-Benoît (2 km vom Stadtzentrum). Es befindet sich nicht zufällig in Digne, gehören die Provenzalischen Alpen doch zu den geologisch interessantesten Regionen der Alpen; berühmt ist vor allem ihr Fossilienreichtum. – Erwähnung verdienen schließlich noch der Botanische Garten und – last, not least – das *Kurhaus* im Tal der Eaux Chaudes (Thermalquelle; Indikation: rheumatische Erkrankungen).

ⓘ Maison du Tourisme, Le Rond-Point,
F-04000 Digne.

Digne–Cannes 145 km; Beschreibung siehe Polyglott-Reiseführer »Côte d'Azur«.

* Grenoble – ** Le Vercors – Die – Col de Menée – * Grenoble (238 km)

Südwestlich von Grenoble, im Winkel zwischen Isère und Drac, liegt ***Le Vercors,* eine ungemein reizvolle, für ihre herrlichen weiten Wälder und wildromantischen Schluchten gleichermaßen berühmte Bergregion der Französischen Alpen. Der Vercors ist ein typisches Kalkgebirge; seine steilen Randabstürze entstanden nicht durch tektonische Verformungen, sondern durch Verwitterung und Abtragung. Er fußt auf wasserundurchlässigen Gesteinsschichten und zeigt die Erscheinungsformen eines Karstmassivs: unterirdische Entwässerung, Karren und Dolinen, Höhlen, tiefe Schächte. Höchste Erhebung ist der Grand Veymont (2341 m); einige weitere Erhebungen in dem von Nord nach Süd gerichteten Hauptkamm sind über 2000 m hoch (Grande Moucherolle, 2284 m).

Der Vercors, als »Parc régional du Vercors« heute größtenteils unter Naturschutz, ist ein bevorzugtes Naherholungsgebiet der Grenoblois. Vor allem Wanderer und Wintersportler (Langlauf) finden hier ein ideales »Revier«. Im nördlichen Teil des Massivs, den *Montagne de Lans,* bestehen sehr gute touristische Einrichtungen, ebenso am Westrand, im *Royans,* wogegen der Süden mit dem *Grand Veymont* und den *Montagne de Glandasse* (Pié Ferré, 2041 m) noch sehr ursprünglich geblieben ist. Die forcierte touristische Entwicklung um *Villard-de-Lans* darf als unmittelbare Folge der Olympischen Winterspiele von 1968 betrachtet werden, deren nordische Disziplinen (Langlauf, Skispringen) im Vercors zur Durchführung gelangten.

Im Zweiten Weltkrieg war der Vercors eine Bastion des französischen Widerstandes.

Die Route verläuft quer durch den Vercors; sie berührt alle sehenswerten Punkte, erlaubt aber auch verschiedene Varianten. Für die Rückfahrt in die Hauptstadt der Dauphiné benützt man die »Route d'Hiver des Alpes«, die als zweite große Voralpenstraße neben der »Route Napoléon« (vgl. Route 7) von Grenoble zur Côte d'Azur führt.

Man verläßt das Stadtgebiet von Grenoble (s. S. 26) in westlicher Richtung, überquert den Drac und folgt dann den Wegweisern »Villard-de-Lans«. Über *Seyssinet* (270 m) und den Aussichtspunkt beim *Tour-sans-Venin* (13. Jh.; 750 m) fährt man auf der schön angelegten D 106 bergan. In

St-Nizier-du-Moucherotte (1180 m; 300 Einw.), 17 km, ist der Ostrand des Vercors erreicht. Die kleine Siedlung wird sowohl im Sommer als auch im Winter von Urlaubern aufgesucht. Ein toller »Guck-ins-Land« ist die *Moucherotte* (1901 m; Fußweg 2 Std.).

Die D 106 setzt sich an den Westabhängen des Moucherotte fort. Dabei umgeht sie in einem weiten Bogen die *Gorges du Bruyant,* eine sehenswerte Schlucht, die man auf einem Fußweg besuchen kann (Hinweistafel). In *Lans-en-Vercors* (1020 m), 26 km, verdient das kleine *Spielautomatenmuseum* einen Besuch (◷ täglich 10–18 Uhr). Wenige Kilometer weiter nördlich, jenseits des Col de la Croix Perrin (1218 m), liegt in einem weiten Talkessel der Wintersportplatz *Autrans* (1050 m; herrliches Skiwandergebiet).

*** Villard-de-Lans** (1023 m; 4000 Einw.), 34 km, ist das touristische Zentrum des Vercors und dank der schönen Lage am Hochplateau der *Montagne de Lans* sowie einem trockenen, sonnigen Klima eigentlich zu jeder Jahreszeit für einen längeren Aufenthalt geeignet (Heimatmuseum in der Maison de Patrimoine). Die ausgedehnten Waldpartien der Umgebung laden zu erholsamen Spaziergängen ein. Der bemerkenswerten Aussicht wegen lohnt sich eine Fahrt mit der Télécabine des Pouteils (1720 m) mit anschließender kleiner Wanderung zur *Côte 2000* (45 Min.). In knapp 1 Std. erreicht man von der Bergstation der Gondelbahn aus den *Pas de l'Oeille* (1960 m), eine enge Scharte, die einen packenden Blick ins *Tal des Drac* ermöglicht. Ein herrliches Panorama bietet sich bei günstiger Witterung von der *Grande Moucherolle* (2284 m, zweithöchster Gipfel des Vercors). Für den Aufstieg von der Seilbahnstation benötigt man etwa 2 Std.

Eine Stichstraße verläuft von Villard-de-Lans – vorbei an modernen Kreuzwegstationen – zum

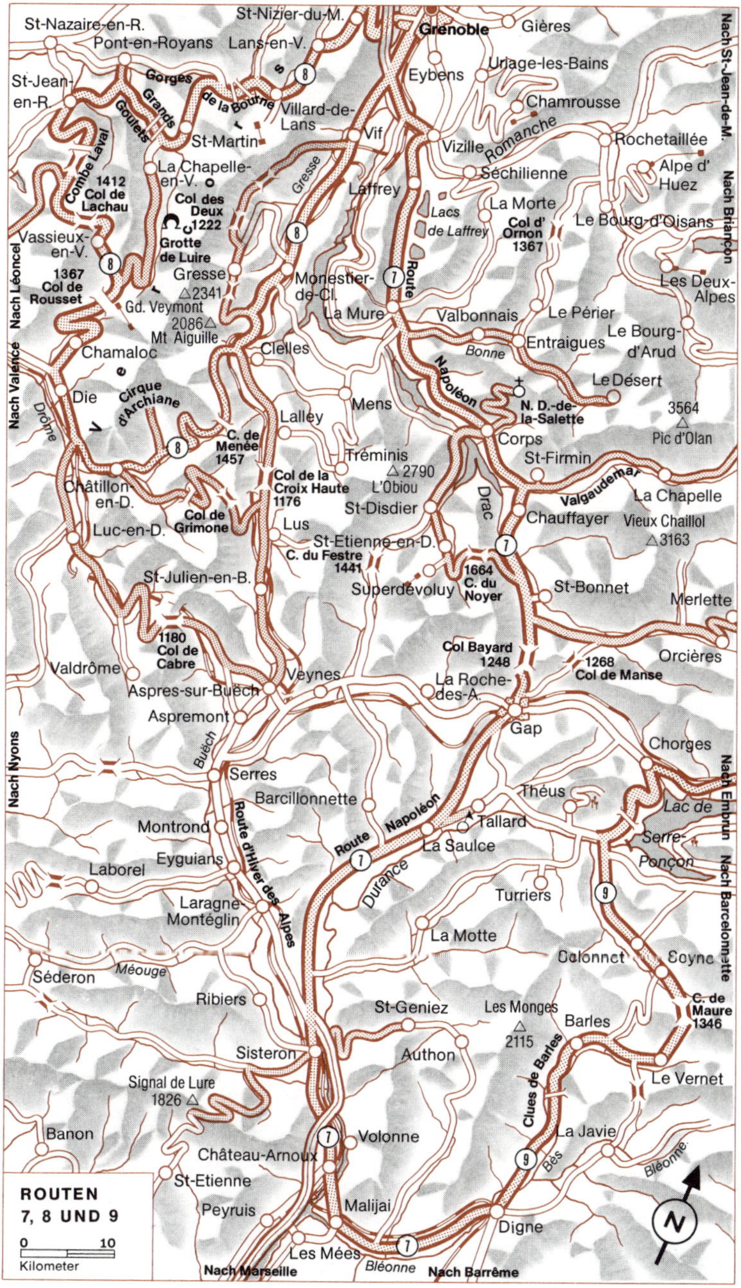
ROUTEN
7, 8 UND 9
0 10
Kilometer
St-Nazaire-en-R.
Pont-en-Royans
St-Nizier-du-M.
Lans-en-V.
Grenoble
Gières
Uriage-les-Bains
Eybens
Chamrousse
St-Jean-en-R.
Gorges de la Bourne
Grands Goulets
Villard-de-Lans
St-Martin
Vif
Vizille
Romanche
Rochetaillée
Combe Laval
1412 Col de Lachau
La Chapelle-en-V.
Gresse
Séchilienne
Alpe d'Huez
Col des Deux 1222
Laffrey
Lacs de Laffrey
La Morte
Col d' Ornon 1367
Le Bourg-d'Oisans
Vassieux-en-V.
Grotte de Luire
1367 Col de Rousset
Gresse
△2341
Gd. Veymont
2086△
Mt Aiguille
Monestier-de-Cl.
Route
La Mure
Valbonnais
Le Périer
Les Deux-Alpes
Le Bourg-d'Arud
Entraigues
Bonne
Chamaloc
Clelles
Napoléon
Le Désert
Die
Cirque d'Archiane
Mens
N. D.-de-la-Salette
3564
Pic d'Olan
Drôme
C. de Menée 1457
Lalley
Corps
St-Firmin
Tréminis
△2790
L'Obiou
Châtillon-en-D.
Col de la Croix Haute 1176
St-Disdier
Drac
Valgaudemar
La Chapelle
Chauffayer
Vieux Chaillol
△3163
Col de Grimone
Luc-en-D.
Lus
St-Etienne-en-D.
C. du Festre 1441
Superdévoluy
1664 C. du Noyer
St-Bonnet
Merlette
St-Julien-en-B.
1180 Col de Cabre
Col Bayard 1248
1268 Col de Manse
Orcières
Valdrôme
Veynes
La Roche-des-A.
Aspres-sur-Buëch
Aspremont
Gap
Chorges
Buëch
Serres
Théus
Barcillonnette
Lac de Serre-Ponçon
Montrond
Tallard
Route Napoléon
La Saulce
Eyguians
Laborel
Route d'Hiver des Alpes
Durance
Turriers
Laragne-Montéglin
La Motte
Séderon
Méouge
Bellaffaire
Seyne
Ribiers
St-Geniez
Les Monges
△
2115
Barles
C. de Maure 1346
Sisteron
Authon
Clues de Barles
Le Vernet
Signal de Lure
1826 △
Banon
Volonne
La Javie
Château-Arnoux
Bès
Bléone
St-Etienne
Peyruis
Malijai
Digne
Les Mées
Bléone
N
Nach St-Jean-de-M.
Nach Briançon
Nach Léoncel
Nach Valence
Nach Nyons
Nach Embrun
Nach Barcelonnette
Nach Marseille
Nach Barrême
8
7
9

8

Kalvarienberg von Valchevrière (8 km). Er wurde in Erinnerung an die Widerstandskämpfer errichtet. Zu Fuß steigt man in etwa 1 Std. auf zur *Brèche de Chalimont* (1583 m), einem schönen Aussichtspunkt hoch über den Gorges de la Bourne.

ⓘ Office de Tourisme, F-38250 Villard-de-Lans.

Die D 531 senkt sich in einer Serpentine zur Bourne. Bei der Häusergruppe *Les Jarrands* (931 m; 38 km) passiert man die Abzweigung einer Nebenstraße (zum Wintersportplatz Autrans, 11 km); dahinter verengt sich das Tal zu den großartigen

*** Gorges de la Bourne.** Man durchfährt in dieser eindrucksvollen Felsenschlucht mehrere Tunnels, überquert den Fluß und erreicht schließlich beim *Pont de la Goule Noire,* 42 km, eine Straßengabelung. Während die D 531 weiterhin dem Lauf der Bourne folgt und über *Choranche* (Tropfsteinhöhlen, Museum; ◷ täglich 9–18 Uhr) nach *Pont-en Royans* (16 km) führt, zieht die D 103 über *St-Martin-en-Vercors* (753 m) um die *Brèche de Chalimont* (1583 m) herum. Beim Flecken *Les Barraques* (676 m; 57 km) trifft man auf die vom *Col de Rousset* herabkommende D 518, der die Route bis nach *Ste-Eulalie* folgt. Sie tritt unvermittelt in die grandiose Schlucht der

**** Grands Goulets** ein. Auf kühn in senkrechte Felswände gesprengter Straße (Tunnels) durchfährt man diese großartige, vom Vernaison durchtoste Klamm. Anschließend geht es in den Talgrund hinab und durch die *Petits Goulets* hinaus nach *Ste-Eulalie* (294 m; 68 km).

Nur 2 km weiter nördlich liegt das kleine malerisch gelegene Städtchen *Pont-en-Royans* (208 m). Überragt wird der Ort von den Ruinen einer alten Burg (Aussichtspunkt).

Auf der D 54 fährt man von *Ste-Eulalie* in südwestlicher Richtung weiter über *St-Laurent-en-Royans* (312 m) nach

*** St-Jean-en-Royans** (253 m; 3000 Einw.), 75 km, das sich hübsch über dem rechten Ufer der *Lyonne* ausbreitet (prächtiger Aussichtspunkt mit Orientierungstafel beim Friedhof).

Das lebhafte Städtchen ist Ausgangspunkt der einzigartigen

**** Route de Combe Laval,** die 1896 angelegt und 1939 ausgebaut wurde. Sie zieht an den bewaldeten Westabhängen der Montagne de l'Echarasson bergan, passiert den Col Gaudissart (888 m) und setzt sich dann auf einer unvergleichlich kühn in die vertikalen Felsen der Combe Laval gesprengten Strecke hoch über dem Talgrund zum *Col de la Machine* (1015 m) fort. Beim *Carrefour des Trois Routes* (94 km) zweigt rechts eine Aussichtsstraße (D 199) ab, die um den weiten Talkessel der Lyonne nach Léoncel (913 m; 27 km) führt.

Neben zahlreichen prächtigen Ausblicken an dieser Strecke (vor allem am Col de la Bataille, 1313 m) verdient die Kirche der alten Zisterzienserabtei in *Léoncel,* eine Pfeilerbasilika aus dem 12. Jahrhundert, hervorgehoben zu werden.

Die D 76 zieht von der obengenannten Gabelung durch schönen Wald mäßig aufwärts. Man passiert zwei Kehren (lohnender Fußweg zur *Grotte du Brudor*) und überquert dann den *Col de Lachau* (1412 m). Rund 1 km vor Vassieux-en-Vercors (1057 m) liegt rechts der *Cimetière National du Vercors,* ein Ehrenfriedhof für 186 im Zweiten Weltkrieg Gefallene *(Musée de la Résistance);* im Ort gibt es ferner ein *Archäologisches Museum* (Musée du Site préhistorique; ◷ täglich außer Di 9–12, 14–18 Uhr).

Hinter dem kleinen Ort setzt sich die Route mäßig steigend zum *Col St-Alexis* (1222 m) fort. Jenseits dieser wenig ausgeprägten Paßhöhe trifft man auf die D 518, an der 17 km weiter nördlich *La Chapelle-en-Vercors* (945 m) liegt. Etwa auf halber Strecke zu dem Ferienort zweigt von der D 518 rechts die Zufahrt zur großartigen **Grotte de Luire* ab (Besichtigung möglich, im Sommer täglich Führungen).

Route de Combe Laval

Die Umgebung von La Chapelle-en-Vercors bietet gute Wandermöglichkeiten. Schönster Aussichtspunkt ist der *Serre Plume* (1573 m), der sich südlich des *Col de Carri* (1202 m) erhebt (Zufahrt 6 km; Aufstieg 1 Std.).

Auf der Weiterfahrt nach *Gap* erreicht man den Nordeingang (1254 m) des 580 m langen Tunnels, der unter dem

Col de Rousset (1367 m) hindurchführt. Am Südausgang eröffnet sich unvermittelt ein schöner Blick auf die bereits provenzalischen Charakter aufweisende Berglandschaft des Diois. Dann geht es in weiten Schleifen hinab ins bewaldete Tal der Comane.

Die (410 m; 4000 Einw.), 141 km, reizvoll im Tal der Drôme gelegen, ist ein sehenswertes altes Städtchen. Teilweise noch erhaltene Reste gallorömischer Wehranlagen sowie ein Triumphbogen (*Porte St-Marcel,* 3. Jh.) weisen auf die frühe Bedeutung des Ortes hin (Museum an der Rue Camille-Buffardel; ◷ Juli/August Mo bis Sa 15.30–18.30 Uhr). Die Kathedrale *Notre-Dame* wurde im 12. Jahrhundert begonnen (ältester Teil der Vorhalle). In der Folgezeit unterlag sie häufigen baulichen Veränderungen. In der Kapelle des ehemaligen *Bischöflichen Palais* (heute Rathaus) sind Freskenreste aus dem 11. Jahrhundert und ein wertvolles vorromanisches Mosaik zu sehen.

Die gilt als ruhiger, angenehmer Ferienort mit vielseitigen Sportmöglichkeiten. Weit über die Grenzen des Diois hinaus bekannt und geschätzt ist der Schaumwein »Clairette de Die«.

ℹ Office de Tourisme, 1, place St-Pierre, B.P. 37, F-26150 Die.

Für die Weiterfahrt in südöstlicher Richtung folgt man zuerst der D 93 und dann der D 539 ab Pont-de-Quart. Nach der Häusergruppe von Menée, 6 km hinter Châtillon-en-Diois, zweigt eine Stichstraße in den ***Cirque d'Archiane** ab: Über bewaldeten Hängen bauen sich in weitem Halbrund senkrechte Felswände auf (9 km hin und zurück).

Auf der D 120 fährt man hinauf zum

Col de Menée (1457 m; Scheiteltunnel 1402 m), 177 km. Hier überquert man die Grenze vom Diois zum Trièves, einer hübschen, zwischen Vercors und Dévoluy eingebetteten Mittelgebirgsregion, die vom Ebron entwässert wird. Auf der Talfahrt über den kleinen *Col du Prayet* (1187 m) hinab zur »Route d'Hiver des Alpes« bieten sich herrliche Ausblicke auf den *Mont Aiguille* (2086 m). Der markante, isoliert aufragende Kalkklotz, eines der »sieben Wunder der Dauphiné«, wurde bereits 1492 auf Geheiß König Charles VIII erstmals bestiegen; er ist auch heute noch eine Tour im II. Schwierigkeitsgrad. Nördlich des Mont Aiguille, unter den steilen Felsabstürzen der Vercors-Hauptkette, liegt das Hochtal der *Gresse,* ein reizvolles Feriengebiet mit guten Wandermöglichkeiten.

Mont Aiguille

Für die Weiterfahrt stehen ab St-Michel-les-Portes zwei Möglichkeiten zur Auswahl.

Die eine Tour verläuft westlich der N 75 über den Col de l'Allimas (1205 m) nach *Gresse-en-Vercors* (1205 m). Ausdauernde Berggänger besteigen in etwa 4 Std. auf markiertem Weg den *Grand Veymont* (2341 m), den höchsten Berg des Vercors (hervorragende Aussicht). Für etwas weniger Ambitionierte bildet der *Pas du Serpaton* (1586 m), eine ausgeprägte Scharte in der Crête des Rochers de la Montagne de Gresse, ein lohnendes Wanderziel mit Blick ins Trièves.

Von Grasse lohnt sich die Weiterfahrt auf der Höhenstraße über den Col des Deux, *Château-Bernard* und den Col de l'Arzelier nach *Vif.*

Entscheidet man sich für die Fortsetzung der Route auf der N 75, geht die Fahrt in Richtung Norden ab St-Michel-les-Portes über *Monestier-de-Clermont* (832 m) hinab nach *Vif* (311 m). Bei Le-Pont-de-Claix (251 m) mündet rechts die »Route Napoléon« (siehe Route 7) ein; kurz danach ist das Stadtgebiet von

***Grenoble,** 238 km, erreicht.

* Briançon – Embrun – * Lac de Serre-Ponçon – Digne (150 km)

Diese Tour (Plan s. S. 59) gilt als Alternative zur »Route des Grandes Alpes« (siehe Route 10). Sie folgt dem Lauf der Durance bis zum Stausee von Serre-Ponçon und durchquert anschließend auf wenig befahrenen Straßen die Alpes de Haute-Provence. Die Tour ist recht abwechslungsreich, ohne allerdings ähnlich grandiose Landschaftseindrücke wie die »Große Alpenstraße« zu bieten. Sie läßt sich sehr gut mit Teilstücken der »Route des Grandes Alpes« zu interessanten Rundstrecken verbinden, z. B. Briançon – Col d'Izoard – Guillestre – L'Argentière-la-Bessée – Briançon, 88 km.

Für einen Ferienaufenthalt eignen sich vor allem die Ortschaften in der Vallouise sowie Embrun.

Man verläßt die alte Festungsstadt Briançon (s. Route 6) durch den Ortsteil Ste-Cathérine und folgt der parallel zur Durance verlaufenden N 94 leicht bergabwärts. Beim Weiler *Prelles* (1149 m) überquert die Straße den Fluß. Hinter *St-Martin-de-Qeyrières* öffnet sich ein schöner Blick auf das vergletscherte Pelvoux-Massiv (Orientierungstafel). Anschließend geht es in zwei Kehren hinab nach

L'Argentière-la-Bessée (976 m; 2600 Einw.), 15 km. Der Industrieort liegt am Zusammenfluß von Durance und Gyronde in einem breiten Tal. Beachtung verdienen die romanische Kapelle *St-Jean* im Ortsteil Ville und die höhergelegene Kirche aus dem 15. Jh. (Fresken von 1516).

Argentière ist Ausgangspunkt eines lohnenden Abstechers in die *Vallouise.* Dieses Alpental, im 15. Jh. zu Ehren von *Louis XI* so benannt, greift tief in die Hochgebirgswelt der Pelvoux-Gruppe hinein (*Barre des Ecrins,* 4102 m; *Mont Pelvoux,* 3946 m). Neben den kleinen Ortschaften *Vallouise* (1167 m) und *Puy-St-Vincent* (1390 m) wird vor allem *Ailefroide* (1510 m) als Stützpunkt für Hochtouren viel besucht. Die z. T. etwas schmale, im obersten Abschnitt recht steile Straße (bis 15 %) zieht über *Ailefroide* bis zum *Pré de Madame Carle* (1874 m; 24 km) hinauf. Hier befindet man sich direkt an der Ostgrenze des 918 km² großen *Parc national des Ecrins.* Erfahrenen Alpinisten bietet sich ein fast unerschöpfliches Feld für großartige Gletscher- und Klettertouren; der Bergwanderer findet ebenfalls lohnende, auf seine Möglichkeiten zugeschnittene Ziele. Markierte Wege führen u. a. zum *Refuge des Bans* (2076 m), von Ailefroide zum *Refuge du Sélé* (2699 m) und von Pré de Madame Carle zum *Refuge du Glacier Blanc* (2550 m). Ein hervorragender Aussichtspunkt ist die *Blanche* (2954 m), zu deren Gipfel man von Puy-Aillaud ob Vallouise in 4 bis 5 Std. aufsteigt.

ⓘ Syndicat d'Initiative, F-05290 Vallouise.

Auf der Weiterfahrt nach Embrun passiert man 5 km hinter L'Argentière die Abzweigung einer schmalen Nebenstraße, die in das schöne *Val de Freissinières* (mehrere Wasserfälle) führt (bis Les Mensals, 11 km). Unmittelbar an seiner Mündung verengt sich das Tal zu einer prächtigen Schlucht *(Gouffre de Gourfouran).* Ein schöner Wanderweg führt über die Almsiedlung Dourmillouse zum Col de Fressinières (2782 m; etwa 5 Std.) und ins Tal des Drac Noir.

Die N 94 setzt sich über *La Roche-de-Rame* (946 m) talauswärts fort. Hinter *St-Crépin* (922 m) wird links auf einer Anhöhe das malerische, gegen Ende des 17. Jhs. von Vauban befestigte Städtchen *Mont-Dauphin* (1045 m; Zufahrt 2 km) sichtbar (Führungen Juni bis Mitte September täglich 10.30, 15 und 17 Uhr). Genau gegenüber der Mündung des Queyras erhebt sich die *Tête de Fouran* (2459 m), ein prächtiger Aussichtspunkt (Zufahrt über die D 37 bis zu den Alphütten von Les Eymars, dann dreistündiger Aufstieg).

Dann folgt die Abzweigung der D 902 (nach Guillestre an der »Route des Grandes Alpes«, 4 km). Auf der N 94 erreicht man über *St-Clément* und *Châteauroux* (975 m)

Embrun (870 m; 6000 Einw.), 48 km, das sich auf einer rund 80 m hohen Felsterrasse über dem rechten Ufer der Durance ausbreitet. Embrun, bereits in römischer Zeit als Ebrodunum genannt, war im Mittelalter Sitz eines Fürstbischofs. Heute wird der Ort vor allem während der Sommermonate von Urlaubern aufgesucht.

9

Bedeutendstes Bauwerk der Stadt ist die ehemalige Kathedrale *Notre-Dame,* eine Pfeilerbasilika aus dem späten 12. Jh., die deutlich lombardische Einflüsse erkennen läßt (schöne Vorhalle »Le Réal«). Von der Ausstattung verdienen eine große Rosette (Glasmalereien), Fresken aus dem 14. Jh. sowie die alte Orgel (15. Jh.) hervorgehoben zu werden. Der Kirchenschatz umfaßt sakrale Kunstwerke aus dem Mittelalter.

Hinter der Kirche erhebt sich die *Tour Brune* als Rest des ehemaligen *Bischöflichen Palais* (schöne Rundsicht von der Aussichtsplattform).

ℹ Office de Tourisme, Place Général-Dosse, F-05200 Embrun.
⛺ Mehrere Plätze.

Embrun hat in seiner Umgebung einige lohnende Ausflugsziele anzubieten. Auf gut ausgebauten

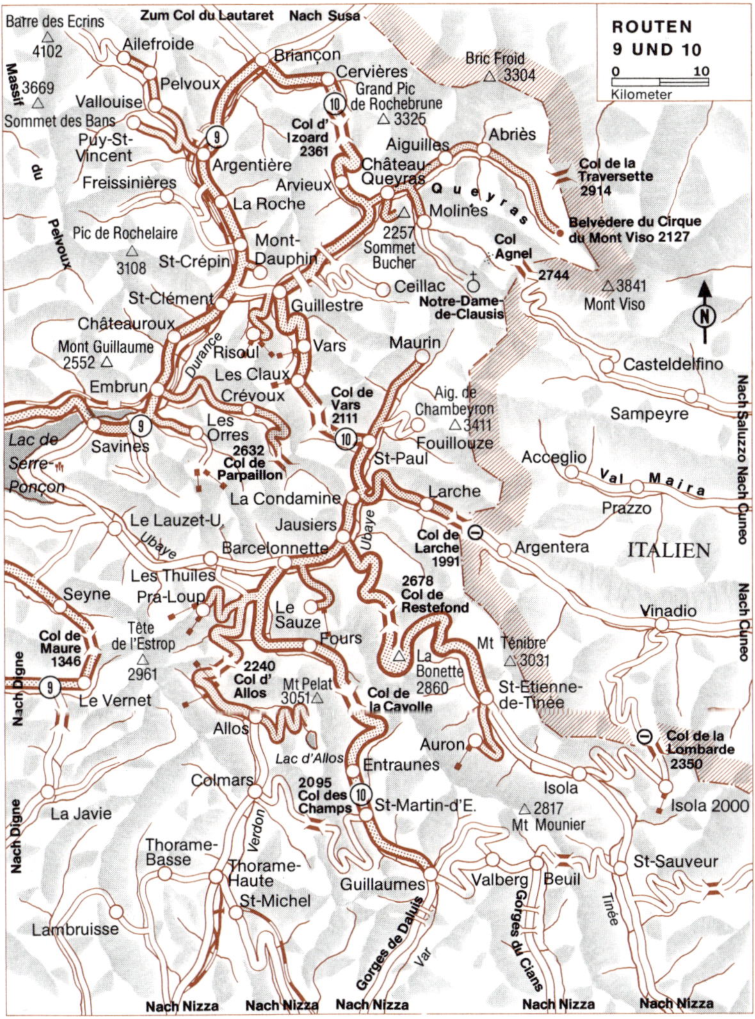

Die Pforte »Le Réal« der Kathedrale von Embrun

Bergstraßen sind u.a. *Les Orres* (1445 m; 13 km), ein aufstrebender Wintersportplatz, und das hübsch gelegene Dörfchen *Crévoux* (1606 m; 15 km) zu erreichen. Für Liebhaber schwieriger Hochgebirgsstrecken ist die Weiterfahrt von Crévoux auf einer »Route stratégique« bis zum *Col de Parpaillon* (2632 m) möglich. Eine Paßstraße führt von St-André-d'Embrun über den *Col de Valbelle* (2372 m) und Risoul (1850 m) nach Vars. Bekannt für seine herrliche Aussicht ist der *Mont Guillaume* (2552 m), dessen Gipfel sich im Nordwesten über Embrun erhebt (3 Std., Straße bis Les Fontaniers, 1697 m). Kulturell Interessierte sollten auf jeden Fall die ehemalige, 1142 gegründete Zisterzienserabtei von *Boscodon* besichtigen (10 km südlich von Embrun; im Sommer Konzerte).

Unterhalb von Embrun wird die (bei Wildwasserfahrern beliebte) Durance zum

***Lac de Serre-Ponçon** (780 m) aufgestaut; mit rund 36 km² ist er nach dem Lac du Bourget der größte See in den Französischen Alpen.

Einen vorzüglichen Überblick genießt man von dem knapp unterhalb der Westuferstraße (D 3) errichteten *Belvédère* (optische und akustische Informationen). Der anschließende Streckenabschnitt gibt den Blick frei auf den Damm, der gewaltige Dimensionen aufweist: Höhe 120 m, Kronenlänge 600 m, Volumen 14 Millionen m³.

Von *Espinasses* – am südwestlichsten Zipfel des Sees – bietet sich die Möglichkeit für einen Abstecher zu den **Demoiselles coiffées de Vallauria*. Diese eigenartigen pfeilerförmigen Gebilde aus eiszeitlichem Moränenschutt sind durch die erodierende Wirkung des Wassers entstanden. Man erreicht die Erdpyramiden oberhalb von *Théus* (900 m) auf einer schmalen und steilen Bergstraße, die bei *Remollon* von der D 900B abzweigt. Bequemer erreichbar sind die Demoiselles coiffées am Ostufer des Stausees, wenig oberhalb der D 954 (7 km von Savines-le-Lac).

Auf der Weiterfahrt in Richtung Digne biegt man ins Tal der Blanche ab und fährt bergan nach

Seyne (1199 m; 1500 Einw.), 104 km, das von einer alten Zitadelle überragt wird und eine Kirche aus dem 16. Jh. besitzt. Hinter dem hübsch gelegenen, als Sommerfrische und zum Wintersport besuchten Ort steigt die Straße an zum

Col de Maure (1346 m), 110 km. Der weite Wiesensattel bietet eine schöne Sicht auf die Kette der *Montagne de la Blanche* (2739 m).

Anschließend geht es mäßig hinab ins Tal des Bès, das sich unterhalb von *Verdaches* zu einer schönen Waldschlucht *(Clue de Verdaches)* verengt. An ihrem Ausgang liegt der kleine Ort *Barles* (998 m). Bereits wenige Kilometer dahinter treten die Berghänge erneut dicht zusammen; Straße und Fluß winden sich zwischen hohen Felswänden durch die beiden Engpässe von *Barles (Clues de Barles)*. Die Landschaft ist hier von eigenartigem, fremdem Reiz: kahle Fels- und Schutthänge, deren Farben je nach Lichteinfall stark variieren, beherrschen das Blickfeld.

Digne, 150 km (siehe Route 7).

In den Clues de Barles

* Briançon – ** Col d'Izoard – Col de Vars – * Col de la Cayolle – Guillaumes (– Nizza) (165 km)

Diese Reiseroute ist der südliche Abschnitt der großen französischen Alpenstraße »Route des Grandes Alpes«, die Thonon-les-Bains mit Nizza (Nice) verbindet (siehe Route 3 und 4). Sie vermittelt ein Höchstmaß an Landschaftseindrükken; besonders hervorzuheben sind neben dem Col d'Izoard (Casse Déserte) die eindrucksvollen Schluchten. Sie sind ein Beispiel für die Erosionskraft der Flüsse, die sich seit Jahrtausenden in den Südalpen einschneiden. Beschrieben wird die Strecke von Briançon bis Guillaumes. Über die Hochtäler des Verdon, Var, Cians und Tinée und ihre Sehenswürdigkeiten (**Gorges de Daluis, ** Gorges du Cians) informiert der Polyglott-Reiseführer »Côte d'Azur«.

Die »Route des Grandes Alpes« (D 902) verläuft hinter Briançon (s. Route 6) durch das Engtal der Cerveyrette.

Sie führt hoch über dem Wildbach bergan (mehrfach prächtige Rückblicke). In *Cervières* (1608 m), das 1944 total zerstört, nach dem Zweiten Weltkrieg aber wieder aufgebaut wurde, schwenkt die Tour nach Süden um. Man passiert den kleinen Flecken *Le Laus* (1750 m) und durchfährt anschließend eine Serpentinengruppe (bis 10 % Steigung). Knapp 1 km vor der Scheitelhöhe steht an der Straße das *Refuge Napoléon,* eine der sechs Schutzhütten im französischen Alpenraum, deren Erbauung durch eine Stiftung Napoleons ermöglicht wurde. – Vom

**** Col d'Izoard** (2361 m), 22 km, hat man eine schöne Aussicht, die sich gegen Norden auf die Gipfel des Briançonnais (Mont Thabor, 3181 m; Mont Chaberton, 3136 m) und nach Süden auf den Queyras richtet (Orientierungstafel etwas oberhalb der Straße). Jenseits der Paßhöhe senkt sich die »Route des Grandes Alpes« in Serpentinen zur **Casse Déserte*. Dieser riesige, von bizarren, rötlich gefärbten Felsblöcken durchsetzte Geröllteppich – eine für diese Alpenregion typische Verwitterungserscheinung – bietet ein Bild wilder Schönheit.

Nach einer kurzen Steigung geht es in mehreren Kehren durch lichten Wald hinab ins Tal der Rivière. Über *Brunissard* (1760 m) und *Arvieux* (1544 m) erreicht man eine Straßengabelung. Während sich die D 902 weiter talauswärts fortsetzt, bietet die links abzweigende D 947 dagegen die Möglichkeit für einen Abstecher in den

**** Queyras,** der als einer der schönsten Landstriche der Französischen Alpen gilt *(Parc régional du Queyras).* Für jene, die viel Natur, aber keine großen Fremdenverkehrszentren suchen, die kleine Bergdörfer und stille Täler mögen, ist der Queyras ein ideales Feriengebiet; Alpinisten bietet dieser Teil der Cottischen Alpen ein besonders reiches und dankbares Betätigungsfeld (Grand Pic de Rochebrune, 3325 m; Bric Froid, 3304 m; Mont Viso, 3841 m; Pic de la Font Sancte, 3387 m). – Nur 2 km oberhalb der Straßenteilung liegt der kleine, von seinem imposanten Schloß (13. Jh.) überragte Ort *Château-Queryas* (1384 m; Schloßbesichtigung Juli/August täglich außer Di 14–18 Uhr). Mitten im Ort nimmt die schmale und kurvenreiche Nebenstraße zum *Sommet Bucher* (2257 m; 11 km) ihren Ausgang. Die Tour zum Gipfel wird mit einem wunderschönen Panoramablick belohnt, er reicht vom *Pelvoux-Massiv* bis zum *Mont Viso* (Orientierungstafel).

Die D 947 setzt sich am rechten Ufer des Guil fort. Knapp 3 km hinter Château-Queyras mündet rechts das von der Aigue durchflossene Hochtal ein.

Hier empfiehlt sich ein Abstecher über Molines-en-Queyras nach *St-Véran* (2040 m), 11 km, einem schmucken Bergdorf, das zu den höchsten Ortschaften im Alpenraum zählt (kleines Heimatmuseum).

In Molines-en Queyras (1762 m) zweigt die kurvenreiche Paßstraße ab, die den Queyras mit der italienischen Valle Varaita verbindet und den Alpenkamm am *Col Agnel* (2744 m) überquert. Die Paßstraße befindet sich z. Zt. unterhalb der Scheitelhöhe in desolatem Zustand (Befahren auf eigene Gefahr!).

Auf der D 947 fährt man über den Ferienort *Aiguilles* (Ortsmuseum) leicht bergan nach *Abriès* (1547 m; beachtenswerte romanische Kirche), wo das Tal nach Südosten umbiegt. Oberhalb des Fleckens *L'Echalp* (1677 m) wird erstmals der mächtige *Mont Viso* (3841 m) sichtbar, der schon auf italienischem Hoheitsgebiet liegt.

Den schönsten Blick auf diesen majestätischen Gipfel hat man vom Endpunkt der im letzten Abschnitt sehr schmalen Talstraße (Belvédère du Cirque du Mont Viso, 2127 m; 30 km von der D 902).

Die »Route des Grandes Alpes« (D 902) senkt sich nach der Straßengabelung zum Guil. Sie kreuzt zweimal den Wildbach und tritt dann in die eindrucksvolle *Combe du Queyras,* eine mehrere Kilometer lange wilde Schlucht, ein. Am Ende der Klamm bietet sich unvermittelt ein schöner Blick auf die firnbedeckten Gipfel des Pelvoux-Massivs (Aussichtspunkt Pied de la Viste). Dann fährt man hinab nach

Guillestre (1000 m; 2000 Einw.), 53 km, das hübsch in einem weiten Talkessel liegt. Der Ferienort besitzt eine sehenswerte *Kirche* aus dem frühen 16. Jh. (schöne Vorhalle).

Südlich führt eine Serpentinenstraße über das Dörfchen *Risoul* hinauf in das Skigebiet von Risoul (1850 m, mehrere Liftanlagen).

ℹ Syndicat d'Initiative, Place Salva,
F-05600 Guillestre.

An der »Route des Grandes Alpes« folgt nun die Steigung zum *Col de Vars.* Man durchfährt auf vorzüglich ausgebauter Straße zahlreiche Serpentinen, wobei sich wiederholt prächtige Rückblikke auf das Tal der Durance und die Gipfel des Pelvoux-Massivs eröffnen (Aussichtspunkt Peyre-Haute). Nach Überwindung dieser Steilstufe (Steigungen bis 9%) setzt sich die D 902 im Hochtal der Chagne fort. Hier ist in den letzten Jahren ein Wintersportgebiet entstanden (mehrere Gondel- und Skilifts). Man durchfährt die kleinen Ortschaften *Vars-St-Marcellin* (1640 m), *Ste-Marie-de-Vars* (1658 m; 🏠 »Le Monte-Pente«) und die höhergelegene Hotelsiedlung *Les Claux* (1850 m; 🏠 »Les Escondus«).

Rund 3 km unterhalb der Paßhöhe kommt man bei einem *Refuge Napoléon* (1987 m) vorbei. Die Aussicht vom

Col de Vars (2111 m), 72 km, ist nicht so überragend. Dafür genießt man auf der in mehreren Serpentinen abfallenden Südrampe prächtige Ausblicke (z. B. auf die Gipfel der Aiguille de Chambeyron, 3411 m). – In

St-Paul (1470 m; 300 Einw.), 80 km, zweigt links eine Nebenstraße ab. Sie führt ins Hochtal der *Ubaye* bergan bis zur Häusergruppe *Maurin* (1903 m; 14 km), die als Ausgangspunkt für Wanderungen und Bergbesteigungen aufgesucht wird (unter anderem zum Col Tronchet, 2556 m; und zum Col du Longet, 2646 m).

Auf der Großen Alpenstraße durchfährt man unterhalb von *St-Paul* die Talenge Pas de la Reyssole. Bei der Häusergruppe *Gleizolles* (1310 m; 87 km) mündet die vom Col de Larche (1991 m; nach Cuneo 84 km) herabkommende D 900 ein. In

Jausiers (1220 m; 900 Einw.), 94 km, nimmt die bereits 1860 von Napoléon III geplante, aber erst 1961 eröffnete *Route de la Bonette* ihren Ausgang. Sie verbindet die Hochtäler der Ubaye und der Tinée und stellt somit für den Autofahrer neben der Großen Alpenstraße (Col de la Cayolle) und der D 908 (Col d'Allos) eine dritte Möglichkeit für die Weiterfahrt in die Seealpen und zur Côte d'Azur dar. Die »Route de la Bonette« ist die höchste Alpenstraße Frankreichs. Sie verläuft teilweise innerhalb des *Parc national du Mercantour,* der größere Teile der Seealpen, vom Col de Larche bis zum Col de Tende, einschließt.

Die kurvige Paßstraße führt von Jausiers zunächst nach *Lans;* dann zieht sie sich in vielen Serpentinen durch ein ödes Hochtal bergan. Bis zu den verfallenden Anlagen der Caserne de Restefond (2569 m) sind 27 Kehren zu bewältigen. Im weiteren Verlauf folgt der *Col de Restefond* (2678 m); die Straße zieht sich dann im weiten Bogen um die

*** Cime de la Bonette** (2860 m); hier erreicht sie ihren höchsten Punkt (2802 m). Zu Fuß steigt man in 10 Min. zum Gipfel auf, von dem aus man einen herrlichen Panoramablick (Orientierungstafel) genießen kann. Die lange Talfahrt bietet keine erwähnenswerten Landschaftseindrücke. Die »Route de la Bonette« berührt den *Col des Granges Communes* (2505 m) und senkt sich dann vom *Col des Fourches* (2260 m) in einigen weiten Schleifen hinab zum Talgrund. Über die Häusergruppen Le Pra (1660 m) und *Vens* (1520 m) erreicht man

St-Etienne-de-Tinée (1144 m; 1600 Einw.), 50 km von Jausiers, wo die eigentliche Paßstraße endet. Zusammen mit *Auron* (1608 m), das hoch über der westlichen Talflanke liegt, ist St-Etienne ein vielbesuchter Urlaubsort mit guten Wander- und Wintersportmöglichkeiten (Schwebebahn zur Las Donnas, 2256 m). Markierte Wege führen u. a. von Vens zu den beiden herrlich gelegenen *Lacs de Vens* (2327 m) und von St-Etienne zum *Lac Rabuons* (2490 m). Am Abfluß des letztgenannten steht das Refuge Rabuons (2523 m) des Französischen Alpenclubs; es dient als Stützpunkt für Alpinisten, die den *Mont Tenibre* (3031 m) und den *Corborant* (3007 m) bezwingen wollen.

ⓘ Office de Tourisme, F-06660 St-Etienne-de-Tinée.
St-Etienne-de-Tinée – Nizza 85 km (Beschreibung siehe Polyglott-Reiseführer »Côte d'Azur«).

Barcelonnette (1132 m; 3500 Einw.), 102 km. Dieses Städtchen ist im Sommer und im Winter (Skigebiete von Pra-Loup, Le Sauze und Super-Sauze und der nächsten Umgebung) bei Urlaubern beliebt.

Das *Musée de la Vallée* vermittelt viel Information über das Tal der Ubaye, seine Geschichte an den großen Pässen sowie seine Traditionen (🕓 im August täglich 15–19 Uhr, sonst Mi, Do und Sa 15–18 Uhr). – Eine ständige Ausstellung zum nahe gelegenen großen Naturschutzgebiet von Mercantour ist im *Maison du Parc national* zu sehen.

ⓘ Office de Tourisme, Place Frédéric-Mistral, F-04400 Barcelonnette.

In Barcelonnette hat man für die Fortsetzung der Fahrt in Richtung Côte d'Azur die Wahl zwischen zwei Strecken: der *»Route des Grandes Alpes«* und der über den *Col d'Allos* verlaufenden D 908. Beide lassen sich zu einer prächtigen Runde verbinden, mit Wendepunkten am Pont de Gueydan (** Gorges de Daluis) oder – bei Einbeziehung der großartigen ** Cians-Schluchten – am Pont de Cians (173 bzw. 216 km).

Die Straße zum Col d'Allos zweigt 2,5 km hinter Barcelonnette von der D 902 ab. Sie überquert den Bachelard und beginnt dann kräftig anzusteigen (bis 10 %). Nach einer langen Hangstrecke ist der

*** Col d'Allos** (2240 m; Orientierungstafel) erreicht. Jenseits der Wasserscheide geht es in Kehren hinab in das Tal des Verdon. Über dem kleinen Wintersportplatz *La Foux-d'Allos* (1748 m) kommt man nach *Allos* (1425 m; 36 km von Barcelonnette), das als Ferienort im Sommer und im Winter besucht wird. Hier empfiehlt sich auf jeden Fall ein Abstecher zu dem

Lac d'Allos

hochgelegenen **Lac d'Allos* (2229 m). Eine steile Bergstraße (13 km; bis 16 %) verkürzt den Aufstieg auf eine halbe Stunde. Vom Ufer des hübsch gelegenen Bergsees hat man einen guten Blick auf die mächtig im Norden aufragende Pyramide des *Mont Pelat* (3051 m).

Die »Route des Grandes Alpes« (D 902) biegt hinter Barcelonnette in das Tal des Bachelard ein, das sich nach wenigen Kilometern zu einer Schlucht verengt (Gorges du Bachelard). Auf diesem Streckenabschnitt ist wegen der vielen Kurven und der schmalen Fahrbahn Vorsicht geboten. Beim Flecken *Fours* (1660 m) treten die Talflanken wieder zurück; die Route setzt sich in dem zunehmend öder werdenden Hochtal fort. Der

*** Col de la Cayolle** (2326 m), 132 km, bietet ein schönes Panorama. Der Blick reicht nach Süden bis zu den Voralpen von Grasse. Auf der anschließenden Talfahrt, die sich zunächst in mehreren Kehren vollzieht, kommt man unmittelbar an der Quelle des Var vorbei. An seinem Oberlauf liegen Entraunes (1260 m) und St-Martin-d'Entraunes (1016 m; lohnende schmale Straße über den Col des Champs [2095 m] nach Colmars). In

Guillaumes (819 m; 600 Einw.), 165 km, kann man seine Fahrt entweder auf der D 2202 durch die ***Gorges de Daluis* oder auf der D 28 *(**Gorges du Cians)* fortsetzen (Beschreibung siehe Polyglott-Reiseführer »Côte d'Azur«).

Guillaumes bis **Nizza** 100 km.

Register